성공한 리더의 이미지 전략

구민사

김윤아

건국대학교 일반대학원 생물공학과 향장생물학 이학박사
건국대학교 산업대학원 향장학과 향장미용학 석사
숭실대학교 경영대학원 서비스경영학과 경영학 석사
국가기술자격검정 미용사(피부)종목 감독위원
NCS 과정평가형 감독위원
서울디지털대학교 외래교수
퍼스널뷰티연구소 대표
공공기관과 백화점 문화센터 등에서 스킨케어, 메이크업, 퍼스널 컬러, 퍼스널 브랜딩, 취업 · 면접 이미지 메이킹 등의 강의와 건국대학교, 대전대학교, 을지대학교, 수성대학교, 안동과학대학교 등 외래교수, 특성화 고등학교 뷰티케어과에서 동아리반 교사로 활동하고 있다.

김보경

홍익대학교 의상디자인 학과 미술학 석사 졸업, 현재 퍼스널 뷰티 연구소에서 패션&컬러 컨설팅 실장으로 퍼스널 이미지 컨설팅을 하고 있으며, 백화점 문화센터 등에서 강의를 하고 있다.
컬러 리스트 자격증, 패션 일러스트, 드로잉 교육 강사와 도도 디자인 원장을 역임했으며, 모모 살롱 아동복 디자이너로 패션과 미술 분야에서 활발히 활동하고 있다.

성공한 리더의 이미지 전략

초판인쇄 | 2021년 10월 21일
초판발행 | 2021년 10월 29일

저자 | 김윤아 · 김보경
발행인 | 조규백
발행처 | 도서출판 구민사

전화 | (02) 701-7421(~2)
팩스 | (02) 3273-9642
홈페이지 | www.kuhminsa.co.kr

신고번호 | 제2012-000055호(1980년 2월 4일)
ISBN | 979-11-5813-961-2 (93590)

정가 | 26,000원

Prologue

좋은 리더의 이미지는 하루아침에 만들어지지 않는다.

리더는 자신의 능력을 스스로 발휘하고 책임질 수 있는 사람이 되어야하며 자신감과 패기가 있어야 한다. 아무리 능력자라 해도 스스로 존재감을 드러내지 못한다면 누구도 자신의 잠재력을 알 수가 없다. 자신의 능력을 제대로 발휘하기 위해 평소 자신의 능력과 장점을 파악하고 적극적이고 준비된 자세로 자신을 대외적으로 드러냄으로써 사람들의 시선을 한눈에 받아야 한다.

리더는 능력을 발휘하거나 유능해 보이는 이미지를 갖기 원한다.

비즈니스 세계에서 리더는 자세, 걸음걸이, 매너, 옷차림, 외모 관리 등 신경 써야 할 것이 너무나 많고 다양한 아이템이 쏟아져나오는 현대 패션 속에서 대부분은 자신이 어떤 스타일이 어울리는지, 지금 입은 옷의 색이 어떤 이미지를 주는지 모른다. 깔끔한 패션스타일은 상대에게 좋은 인상을 주고, 호감도를 올릴 수 있다. 특히 보통의 비즈니스 맨보다 다양한 상황에 직면하게 될 '리더'라면 외적 이미지 표현은 중요한 요소다.

이 책은 리더의 이미지 경영, 리더의 컬러 경영, 리더의 패션 경영으로 구성되어 리더의 성공을 부르고 자신의 가치를 높이는 인상에 대한 내용을 담고 있고, 비즈니스에서 지켜야 하는 것과 다양한 개성을 나타내는 스타일링을 제시하는 기본서이다. '유능한 리더'로서 호감과 신뢰감을 줄 수 있는 스타일링을 알면 자기만의 색과 이미지로 개성을 나타낼 수 있고, 긍정적인 이미지를 주어 비즈니스를 자신에게 유리한 흐름으로 이끌어 갈 수 있을 것이다.

끝으로 사랑하는 가족과 본서의 출판을 위해 도움을 주신 도서출판 구민사 조규백 대표님과 전무님, 고생하신 직원분들께 진심으로 감사의 마음을 전한다.

2021년 10월

저자 일동

Contents

Chapter 01

리더의 이미지 경영

Chapter 02

리더의 컬러 경영

Chapter 03

리더의 패션 경영

Image Strategy

1

리더의 이미지 경영

1. 성공을 부르는 인상
2. 자신의 가치를 높이는 첫인상
3. 품격을 올리는 태도
4. 호감을 주는 대화법
5. 비즈니스 매너
6. 건강한 피부를 위한 스킨케어
7. 좋은 운을 부르는 메이크업
8. 스타일리시한 헤어스타일

1. 성공을 부르는 인상

좋은 리더의 이미지는 하루아침에 만들어지지 않는다. 리더는 능력을 발휘하거나 유능해 보이는 이미지를 갖기 원한다.

리더는 자신의 능력을 스스로 발휘하고 책임질 수 있는 사람이 되어야 하며 자신감과 패기가 있어야 한다. 아무리 능력자라 해도 스스로 존재감을 드러내지 못한다면 누구도 자신의 잠재력을 알 수가 없다. 자신의 능력을 명확하게 인식하고 부족한 부분이 무엇인지 냉철하게 분석할 필요가 있다. 그러므로 자신의 능력을 제대로 발휘하기 위해 평소 자신의 능력과 장점을 파악하고, 언제나 적극적이고 준비된 자세로 자신을 대외적으로 드러냄으로써 사람들의 시선을 한눈에 받아야 한다.

자신을 표현하는 능력을 기르기 위해서는 꾸준히 준비하고 노력하여 나만의 이미지를 만들어야 한다. 이미지(Image)란 어떤 사람이나 사물로부터 받은 느낌으로서 심상(心象), 표상(表象)의 의미를 가지고 있으며, 나의 이미지는 상대방이 보고 느낀 모습으로서 보는 사람의 가치관에 따라 다르게 인식될 수 있는 다소 주관적인 것이다. 또한 이미지는 전체적으로 조화를 이루어야 하는 것으로 이미지의 결정은 시각적인 이미지와 청각적인 이미지가 포함되어 조화를 이루어 결정된다. 시각적인 요소는 표정, 시선, 태도, 걸음걸이, 패션, 메이크업, 헤어스타일 등을 의미하며, 청각적인 요소는 언어, 음성, 억양, 말씨 등을 말한다.

이미지메이킹은 자신의 직업이나 위치, 외모와 상황에 잘 어울리는 매너, 사고방식, 말솜씨 등을 조화롭게 만들어 가는 것을 의미한다. 즉 외적인 이미지를 강화해서 긍정적인 내적 이미지가 만들어져 자심감이 생기고, 자신의 가치를 높이며 상대에게 좋은 인상을 심어준다.

따라서 이미지는 필요에 따라 원하는 이미지를 만들어낼 수 있다. 다른 사람에게 어떻게 보이고 싶은지, 어떤 느낌을 주고, 어떤 사람으로 보이고 싶은지를 결정하면 된다. 자신의 사회적 지위와 직업에 맞는 이미지를 가질 수 있도록 현재 자신의 이미지를 분석하여 장점은 부각시키고 단점은 보완하여야 한다.

리더는 기업의 이미지에 맞는 단정하고 품위 있는 복장과 말투, 표정, 시선, 몸짓, 행동 등을 기본적으로 갖추어야 한다. 자신의 가치는 스스로 정하는 것이다. 자신감이 없으면 괜찮은 사람도 별 볼일 없어 보이고, 자신감이 넘치면 못난 사람도 함부로 대할 수 없다. 또한 남이 보는 시선이 아닌 나의 시선으로 좋은 것과 싫은 것을 명확히 해야 한다. 자신에 대해서 잘 알고 있어야지 외부의 평가와 판단으로부터 영향을 받지 않는다. 이렇게 하기 위해서는 자아 정체성을 확립해야 한다. 자아 정체성은 내가 누구인지 자신의 경험을 바탕으로 스스로 되돌아보는 것이다.

상대방에게 나의 이미지는 자신이 인식하지 못한 채 긍정적 혹은 부정적으로 보여질 수 있다. 사람은 보이는 대로 보는 경향이 있다.

사람과의 만남에서 대화를 하지 않아도 얼굴 표정과 몸짓을 보고 그 사람이 어떤 사람인지 알아차릴 수 있다. 과거의 관상학은 이분법적 논리인 좋다, 나쁘다로 사람을 평가했다. 그래서 관상이 나쁘면 아무리 노력해도 달라지지 않는다고 생각하는 것이 일반적이었다. 하지만 자신의 생각과 마음을 잘 다스린다면 타고난 상의 모양이나 모습이 달라지거나 바뀔 수 있고, 사회적 관계도 개선할 수 있다는 학문으로 발전하고 있다.

인상학은 인간의 성격을 외면으로부터 검토하는 학문을 의미하는 것으로 그 사람의 상(相)을 살펴서 성격, 기질, 인간관계 등을 분석하는 학문을 말한다. 개인의 본질인 성격, 의식, 의도 등이 인상학에서는 개인에 따라 고유하게 외면화된다고 생각한다. 즉 그 사람의 인상을 살펴보고 그 사람의 내면을 분석한다는 것이다. 그러하기에 인상이 부정적인 사람을 나쁜 사람이라고 평가하는 것이다.

인상학은 관상학이라 부르기도 한다. 관상은 만들어가는 것이다. 마음이 그대로 드러나는 것이 관상이기 때문에 아무리 관상이 좋아도 마음 좋은 것만은 못하다. 사람의 마음은 얼굴로 그대로 옮겨진다. 그러하기에 그 사람이 어질고 너그러운 성질이 얼굴에 모두 드러나며 얼굴형, 이목구비, 얼굴빛 등으로 마음을 읽어낼 수 있다.

자신의 좋은 운을 틔우기 위해서 좋은 관상을 경영할 수 있다. 다른 사람에게 보여지는 내 모습을 인지해야 한다. 얼굴을 통해 마음이 드러나고 나의 얼굴은 다른 사람에게 먼저 읽힌다. 상대방에게 어떤 모습을 보여 줄 것인지, 어떻게 하면 좋은 인상을 줄 수 있는지에 대한 이미지를 만들어야 한다. 인상은 그 사람의 전체적인 외모에 의해 결정되며, 외모는 마음에서 생겨난다는 말이 있다. 사람의 얼굴은 태어날 때부터 저마다 가지고 태어났으며 눈가, 코, 입가 등에는 각각의 운세가 나타나 있다.

관상학에서 이마는 하늘의 복을 받는 마당으로서 타고난 운을 상징한다.

이마가 깨끗하고 밝은 사람 중에 조기 출세와 더불어 윗사람의 덕을 보는 사람이 많다. 이마를 머리카락으로 덮지 않게 이마를 드러내 놓는 것이 관상학적으로 좋다. 반면 이마가 좁고 주름살이 깊게 패어있는 얼굴은 이목구비가 균형 잡혀 있지 않다는 것으로 좋지 않은 관상이다. 귀가 윤택하면 장수를 부르고, 좋은 눈썹은 매력과 젊음을 발산하고 좋은 성품을 만드는 기운을 가지고 있다. 눈썹과 눈썹 사이 자리가(명궁) 주름도 없고 깨끗하면 운이 강해진다. 눈이 맑고 깨끗하면 대인관계가 좋아지고, 코에 주름이 없고 깨끗하며 볼록한 콧방울은 재물을 모은다. 관골(광대뼈)은 강인함을 보여주는 부위이다. 광대뼈가 튀어나오면 인간관계가 좋지 못하고 코와 균형을 이루면 지위와 재운이 따른다. 양쪽 입술 끝이 올라가고 입술윤곽이 깨끗하며 입술이 윤이 나고 탄력 있으면 복이 온다. 또한 턱이 길고 뾰족하면 말년에 운이 떨어지고 고독하며, U자형 턱선은 성격이 원만하고 노후에 다복하다.

관상의 좋고 나쁨 등은 자신이 만들어가는 것이므로 자신을 돌아보고 좋은 얼굴을 갖기 위해서는 자신의 삶에 대해 꾸준히 진실하고 참된 마음가짐과 성실한 생활을 꾸준하게 노력하며 자신의 얼굴을 책임을 져야 한다. 눈썹, 얼굴 근육, 눈빛, 표정, 목소리 톤, 행동 등을 시간에 흐름에 따라 자연스러운 모습으로 될 때까지 훈련하며 바꿔나가야 한다.

2. 자신의 가치를 높이는 첫인상

1) 첫인상의 중요성

첫인상은 맨 처음 사람을 만났을 때 형성되는 것으로, 평소에 미리 준비하여야 한다. 상대방에게 첫인상을 보여 줄 수 있는 기회는 딱 한번뿐이다. 첫인상은 단숨에 상대방의 호감을 이끌어내는 결정적 요인으로 심리학에서는 '초두 효과'라고 한다. 초두 효과(Primacy effect)란 처음 제시된 정보가 나중에 들어온 정보보다 인상 형성에 더욱 강력한 영향을 미치는 것을 말한다. 우리는 어떤 주관적인 관점을 갖게 되면 머릿속에서 이 관점은 계속 있으며 쉽게 변하지 않는다. 이처럼 첫인상의 위력은 생각보다 강하며 상대방의 뇌리에 각인되는 이미지이다. 그래서 첫인상이 중요한 이유는 한번 판단을 하고 나면 쉽게 바꾸지 않는다는 것이다.

이미지 연출은 사회생활을 하는 동안 결코 소홀히 할 수 없으며, 이미지 연출은 선택이 아니고 필수인 것이다. 자신의 적극적인 마음을 담아 외모를 표현하는 노력을 기울여야 하며 평소에 이미지 관리를 잘 하면 된다.

외모는 여성만이 아닌 남성에게도 중요한 경쟁력 중 하나이며 성공의 잣대가 되는 방법 중 하나이다. 사람들은 상대방의 외모를 보고 첫인상을 판단하고 나름의 기준으로 이미지를 결정한다. 외모는 그 사람이 살아온 생활환경, 습관, 개인적인 관심 등에 의해 많이 좌우되며 내면적인 요인은 사고방식, 예의, 교양, 지식 등으로 드러난다. 외모는 외형적인 요소에 의해 결정되기도 하지만 내면적인 것이 반영되어 외모를 형성하며 변형시키기도 한다. 외모에 대한 만족감은 자기 존중감이 커지며 자신감을 준다. 또한 외모는 전체적인 형태로 인지됨으로써 첫인상을 만들어 나가는 것이다.

성공적인 만남을 위한 첫인상 연출법은 밝은 얼굴이 연출되도록 미소를 띠고 상냥한 이미지를 만드는 것이다. 깔끔하고 밝은 인상은 상대방에게 신뢰감과 호감을 주며, 긍정적인 표정을 많이 사용하게 되면 성공적인 좋은 기운이 들어오게 된다. 그렇게 되면 주변에 좋은 사람들이 모이고 좋은 일이 생긴다. 그러므로 첫인상을 좋게 보이게 하는 것은 자신의 가치를 높이고 성공적인 사회생활의 첫걸음이라는 것을 잊지 말아야 한다.

2) 호감가는 표정 만들기

첫 만남에서 표정은 특히 중요한 요소가 된다.

맨처음 사람을 만나면 얼굴의 생김새보다 얼굴 표정을 가장 많이 본다. 사람의 얼굴은 80여 개의 근육으로 이루어져 있으며 7,000가지 이상의 표정을 만들 수 있다.

얼굴은 20 ~ 30%의 타고난 얼굴이 차지하며, 나머지는 후천적인 환경이나 노력에 의해 만들어진다.

사람은 각자 자신의 얼굴에 세월의 흔적을 새기며 살아간다. 얼굴에는 생각, 심리, 상태, 가치관 등 모든 변화가 흔적을 남긴다. 심리 변화는 신경전달물질의 변화를 일으키고 근육을 만들어 표정에 변화를 만든다. 항상 초조하거나 우울하며 인색하게 구는 사람은 얼굴에 불안함과 쪼잔함이 보인다. 또한 어떤 사람은 변한 자신의 모습을 알지 못하고 오랫동안 방치해두기도 한다.

얼굴은 감정이 가장 많이 드러나는 신체 부위로서 얼굴의 표정으로 내향적인 성격인지, 외향적인 성격인지 아니면 긍정적인지, 부정적인지를 알 수 있다. 사람이 느끼는 감정은 기분 좋다, 행복하다, 화난다, 우울하다, 슬프다 등 수십 가지이지만 인간의 다양한 감정은 결국 감성적으로 '좋다', '싫다'로 결정된다.

따라서 얼굴에 감정이 드러나므로 묵뚝뚝해 보이지 않도록 하며, 미간에 주름을 잡는 표정, 눈을 자주 깜박거리거나, 눈을 치켜 뜨거나 내려뜨기, 표정이 자주 변화되는 것은 비호감의 표정이 된다. 늘 얼굴에 미소를 머금고 있으면 상대를 기분 좋게 만든다. 또한 긍정적인 생각을 가지고 있는 사람으로 보이도록 노력해야 한다. 감정은 부정적인 면이나 긍정적인 면이 쉽게 전염된다. 한 사람이 표현하는 기분 에너지는 생각보다 강력해서 당사자가 알아차리지 못 할 때도 있다.

그러므로 밝고 즐거운 기분은 주변 사람에게도 전달할 수 있다. 주변 사람들과 좋은 분위기를 만들고자 한다면 평소에 얼굴 표정을 부드럽게 만들고 호감가는 미소를 짓는 것이다. 또한 표정이 살아있으면 말을 해도 설득력이 높아져 성공적인 협상을 할 수 있다.

눈은 마음의 창이다. 눈빛은 말로 표현하지 못하는 감정을 전달하고, 눈동자의 움직임은 내면의 변화를 나타낸다. 얼굴 근육이 긴장되면 표정은 부자연스럽고 눈동자는 불안하게 보인다. 대화를 나눌 때에는 상대방에게 눈을 감았다 뜨거나 동공을 빠르게 움직임 등은 불안한 심리 상태가 반영된다.

눈을 치켜 뜨는 눈은 시선을 정면이나 약간 아래로 향하도록 하여 눈 표정이 부드러워 보일 수 있도록 한다. 반대로 눈 윗부분이 흰자위가 많은 눈은 턱을 올리지 않도록 하며, 상대방의 눈높이에 맞추도록 턱을 가슴방향으로 당겨준다.

미소 짓는 표정은 웃을 때에 눈과 입이 함께 자연스럽게 웃어야 한다. 미소를 지을 때는 입꼬리가 올라가게 하며 볼 근육도 살짝 올라가게 표정을 지어 본다. 위스키, 와이키키 등 '키'발음을 활용하여 미소 띤 환한 표정을 연습한다.

우선 거울에 비친 자신의 모습을 보아야 한다.

현재 나는 어떤 모습인지 스스로 파악하고 자신의 심리 상태를 진단해보는 것도 좋다. 나의 표정이 안정적인지, 초조한지, 무뚝뚝한지, 밝은지, 자연스럽게 웃는 웃음인지, 억지스럽고 부자연스러운 웃음인지 등을 파악해 내가 원하는 이상적인 모습이 무엇인지 생각해보고 거울을 보면서 자신감 있는 표정을 연습해보자. 자신의 표정을 잘 관리하면 상대방에게 좋은 인상을 심어줄 수 있다.

좋은 인상을 만들려면 얼굴근육을 움직여야 하며, 얼굴 근육 스트레칭으로 풍부한 표정을 만들 수 있다. 표정은 거울을 보며 수시로 연습해서 어색해 보이지 않게 익히는 것이 좋다.

얼굴 근육 스트레칭

- 이마 근육을 위아래로 움직여 본다.
- 눈을 크게 떴다가 감는다.
- 눈동자를 좌우, 위아래로 돌려준다.
- 입을 위아래로 크게 벌렸다가 다문다.
- 볼을 부풀렸다가 홀쭉하게 만들어 본다.
- 아랫입술을 좌우로 움직여준다.
- 입을 크게 벌리고 '하 히 후 헤 호' / '아 에 이 오 우'를 천천히 소리내본다.

3. 품격을 올리는 태도

사람은 언어보다는 비언어적인 메시지에 영향을 많이 받는다.

알버트 메리비언 박사의 연구결과에 따르면 커뮤니케이션에서 언어적인 요소(말의 내용 등) 7%, 청각적인 요소(음성, 억양, 말투 등)38%, 시각적인 요소(표정, 자세, 의복 등) 55%라고 한다. 태도가 불량하면 말을 잘하더라도 상대방에게 호감을 줄 수 없다는 것이다. 결국 사람들은 눈에 보이는 메시지가 귀로 듣는 메시지보다 중요하게 생각한다. 제스처나 행동 하나하나에 우리의 심리상태가 담겨져 있으며, 상대방은 그것을 통해 그 사람을 각인하고 이해한다.

자세의 기본은 몸가짐이다. 몸과 마음은 긴밀하게 연결되어 있고 조화를 이루려는 경향이 있다. 다양한 감정들이 몸에 영향을 끼치므로 몸의 자세를 바꾸는 것도 감정에 영향을 준다. 따라서 자세는 그 사람의 내면을 나타내므로 자세 하나로 첫인상이 크게 바뀔 수 있다. 올바른 자세는 바르고 정확한 태도를 만든다. 자심감이 넘치는 자세를 취하면 더 자신감을 느끼게 된다. 반면 소심하거나 자신이 없어 보이는 사람은 어깨와 가슴이 움츠리고 등도 굽어 보인다.

자세는 항상 바르고 자연스러워야 하며 자세만으로 상대방에게 신뢰감과 호감을 나타낼 수 있다. 상대방에게 당당한 이미지를 줄 수 있는 것은 바른 자세이다.

현재 자신의 자세를 점검해보자.

- 어깨가 활짝 펴져 있다.
- 한쪽 어깨가 처져 있다.
- 거북목이다.
- 등을 펴고 있다.
- 등이 굽어 있다.
- 시선이 정면을 보고 있다.

- 무의식적으로 고개를 떨군다.
- 서있을 때 짝다리를 짚고 있다.
- 서있을 때 배를 내민다.
- 앉을 때 허리를 꼿꼿이 세워 앉는다.
- 비스듬히 앉는다.
- 다리를 꼰다.

1) 서 있는 자세

자세로 인해 자신의 품격을 떨어뜨릴 수 있다.

바르게 선 자세

- 어깨는 수평으로, 가슴과 허리는 곧게 편다.
- 어깨와 팔은 힘을 빼고, 턱은 살짝 아래로 당긴다.
- 부드러운 표정을 지으며 시선은 정면 15도를 향한다.
- 앞발은 30도 정도 벌리고 발꿈치는 붙인다.(남성의 경우 두 발의 위치는 어깨 넓이로 선다.)
- 여성의 경우 왼손 위에 오른손을 올린다.
- 남성의 경우 오른손 위에 왼손을 위로 가게 하거나, 가볍게 주먹을 쥐고 바지 옆선에 자연스럽게 내려놓는다.
- 바른 자세를 위해 등, 가슴, 허리를 펴는 스트레칭을 평소 꾸준히 한다.

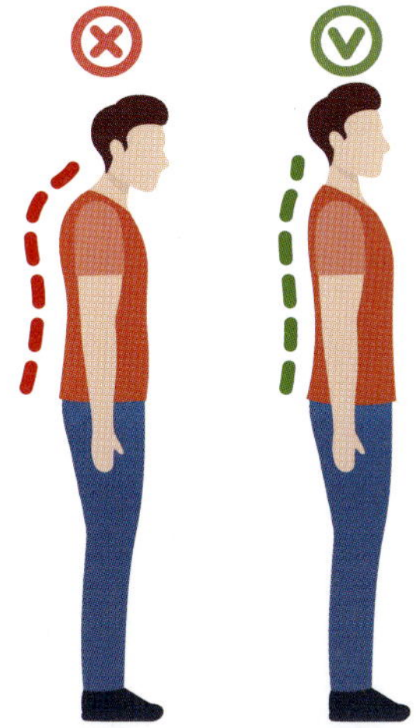

2) 앉은 자세

앉는 법은 무의식적으로 어떤 행동을 할 때 본성이 드러나기 쉬운 것 중 하나이다. 다리를 떨면 초조하거나 불안해 보이고, 다리를 꼬게 되면 상대방에게 마음을 열지 않겠다는 표현이 되며, 긴장하면 무릎 사이의 폭이 줄고, 긴장이 풀어지면 무릎 사이는 벌어진다. 평소에도 긴장감을 가지고 바르게 앉는 자세에 유의해야 한다.

바르게 앉는 자세

- 앉을 때에는 의자 깊숙이 허리를 반듯하게 세워 앉는다.
- 앉아 있을 때에는 어깨를 펴고 등과 엉덩이가 90도로, 옆에서 봤을 때 90도의 모습을 만든다.
- 무릎 방향은 상대를 향하게 한다.
- 여성의 경우 다리를 세우거나 약간 옆으로 기울이며 발끝을 모아준다.
- 남성의 경우 어깨 넓이로 다리를 벌리고, 발 모양은 11자로 평행이 되게 세운다.
- 시선은 수평을 보는 시선에서 30도 정도 아래로 시선을 맞추는 것이 좋다.

3) 걸음걸이

걸음걸이는 호흡에 영향을 받으며 그 사람의 걸음걸이는 마음 속 내면의 리듬을 나타내기도 한다. 마음이 조급한 사람은 호흡도 들뜨게 되어 말의 속도, 걸음걸이가 빨라지게 된다. 결국 걸음걸이를 통하여 상대방의 마음가짐을 알 수도 있다. 사람들의 걸음걸이의 유형은 힘 있게 걷는 사람, 팔자로 걷는 사람, 종종 걸음을 하는 사람, 오리처럼 걷는 사람, 터벅터벅 걷는 사람, 느리게 걷는 사람 등 다양하다.

바르게 걷는 자세

- 등과 어깨가 앞으로 움츠리지 않도록 반듯하게 세운 상태로 자연스럽게 걷는다.
- 시선은 정면을 바라보고 턱을 앞으로 내밀지 않는다.
- 배에 가볍게 힘을 주고 허리부터 다리를 내딛듯이 앞으로 간다.
- 어깨의 힘은 빼고 손은 가볍게 주먹 쥐며, 팔은 앞뒤로 적당히 흔든다.
- 무릎은 스치면서 11자 걸음으로 보폭은 자신의 키에 맞게 적절하게 맞춘다.
- 발뒤꿈치, 발바닥, 앞꿈치 순으로 착지하고, 착지한 무릎은 펴준다.

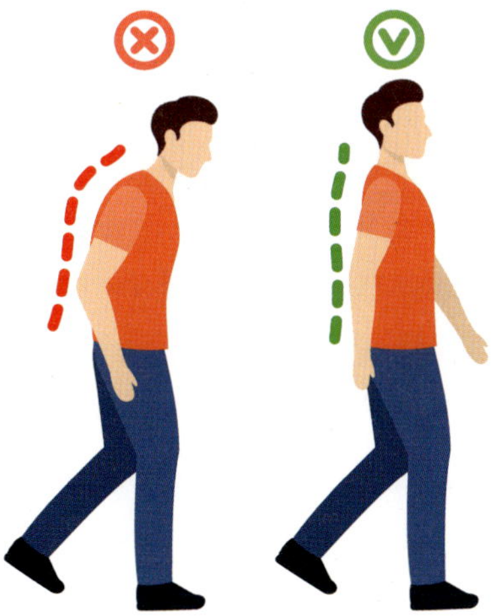

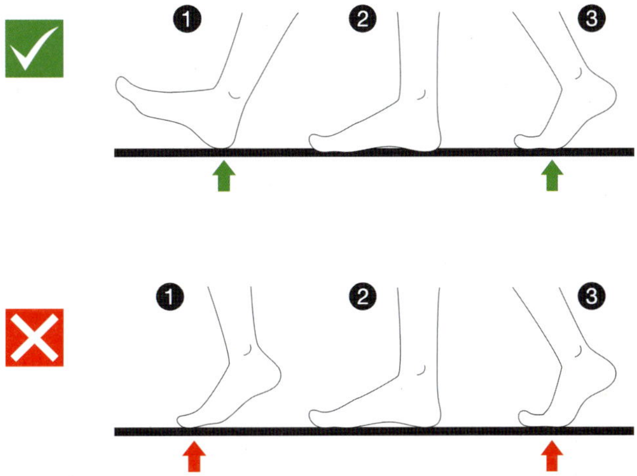

4) 손동작

몸짓과 감정은 서로 연결되어 있으므로 손을 사용하면 전달하고자 하는 메시지를 강조할 수 있다. 손동작은 사석이나 비즈니스에서도 상당히 중요한 것으로 모든 것을 말해 준다. 손의 움직임이 전혀 없으면 상대방에게 긴장하고 있는 이미지를 줄 수 있으며, 그렇다고 너무 많이 움직이면 차분하지 못한 이미지를 줄 수 있다.

상황에 맞춰서 손의 동작을 효과적으로 사용하는 것이 좋으며, 손의 제스처를 사용할 때는 의미를 알고 조심스럽게 사용해야 한다. 손은 자신의 몸 쪽으로 향하는 제스처가 아닌 몸 바깥쪽으로 향하는 제스처를 취하는 것이 긍정적인 느낌을 준다.

손바닥은 열린 모습으로 표현되며, 가슴에 손을 얹으면 공감을 표현할 수 있다. 상대에게 부탁을 할 때에는 손바닥을 아래로 향한 자세는 권위를 상징한다. 반면 손바닥을 위로 향한 자세를 취하면 위협적이지 않고 순종적인 몸짓의 의미를 나타낸다. 손가락질이나 권위를 나타내려는 뒷짐지기, 심리적으로 자신을 방어하는 표현으로 보이는 팔짱 끼기, 확신이 없고 자신없어 보이는 행동인 입에 손을 대거나, 턱을 괴거나, 두 손 비비기 동작 등은 하지 않도록 한다.

4. 호감을 주는 대화법

말에는 삶이 담겨져 있다.

어떤 사람의 말은 온기와 사랑이 담겨져 있고, 어떤 사람의 말은 가시와 위험이 느껴진다. 말은 부정적인 단어나 비관적 말투보다도 긍정적인 표현이 대화를 즐겁게 하며 자존감을 높여준다.

서로의 말이 오갈 때에는 마음이 오간다. 상처를 입힐 수 있는 말은 안하는 것이 좋으며 진실해야 한다. 마음을 전달하는 방법은 진심을 주는 것이다. 솔직한 감정, 사소하지만 진심 어린 말 한마디가 사람의 마음을 움직인다. 말은 상대의 입장에서 한번 더 생각하고 그에 맞는 표현을 해야 한다. 마음과 다르게 사용한 말은 나의 이미지를 손상시키며 사람들과의 관계도 틀어진다.

말할 때에는 그 사람의 인격과 인간관계 신념에 근거를 두고 표현하며 듣는 사람은 성심어린 마음으로 경청해야 한다. 상대방에게 전문성 있게 말하고 싶고 호감도를 높이고 싶을 때는 말습관과 몸짓을 점검해봐야 한다.

말에는 많은 정보가 담겨져 있으며 상대방의 말을 통해 그 사람에 대해 추측도 하고 성격도 파악할 수 있다. 사람들은 상대방의 목소리와 말투에서 무의식 중에 그 사람에 대한 이미지에 대한 정보를 수집하게 된다. 말투는 그 사람의 정서와 의도가 반영되어 있으며 말하기 속도, 억양과 톤에 따라 상대방은 전혀 다른 의미로 받아들인다. 부드럽고 상냥하며 다정다감한 말투로 상대를 감동하도록 만드는 말투를 써야 한다. 목소리 톤은 너무 높거나 낮은 톤으로 말하지 말고 목에 힘을 뺀 상태에서 편안한 목소리가 나오도록 하면 듣기가 편해진다.

목소리는 자신이 표현하고자 하는 의미의 전달에 중요한 영향을 미치게 되며 자신의 이미지를 결정짓는 중요한 요소로 작용한다. 목소리는 억양이 풍부하고 맑고 부드럽게 표현하며 미소와 친절이 배어있어야 한다. 또한 목소리가 전체적으로 안정되어야 한다. 목소리에서 그 사람의 성격을 나타낼 수 있으므로 말의 속도, 크기, 긴장상태 등에 의해서 목소리가 달라질 수 있다. 말하기 속도는 적절해야 한다. 말이 너무 빠르면 무슨 말인지 못 알아들을 수 있고, 너무 느리면 답답하고 집중력을 떨어뜨릴 수 있다. 또한 상대방에게 의미를 정확히 잘 전달할 수 있도록 띄어 말하고, 말할 때 적정한 멈춤으로 내용을 강조하는 데 효과를 줄 수 있다. 대화하는 사람과의 거리에 따라 소리를 작거나 크게 내야 한다.

① **복식호흡과 발음, 발성 트레이닝**

목소리는 후두 안에 있는 성대에서 생기는 것으로 목구멍에서 나오는 소리이다.

복식호흡을 하면 긴장 시 목소리 떨림을 완화할 수 있고 말을 할 때 숨이 차거나 말이 빨라지는 것을 막을 수 있다.

- 몸을 바르게 펴고 전신의 긴장을 푼다.
- 복식호흡은 배 아래에서부터 호흡하는 소리이다.
- 호흡 시 코로 숨을 3초간 천천히 깊게 들이 마시며 배가 볼록 나오도록 한다.
- 내쉴 때에는 숨을 6~10초간 들이 마실 때보다 천천히 길게 입으로 '후' 내뱉어 주면서 배가 들어가도록 한다.
- 복식호흡이 잘 이루어지면 큰 소리로 정확히 발성과 호흡, 발음을 연습한다.
- 좋은 발음을 위해서는 입과 혀의 근육을 유연하게 만들어야 한다.(볼에 풍선풀기, 입술 진동하기, 입을 크게 벌려 '아 에 이 오 우'를 소리내기, 하하, 히히, 후후, 헤헤, 호호를 소리내기)
- 목에 힘을 뺀 후 입모양을 크고 벌려 큰소리로 또박또박 정확하게 발음연습을 한다.
- 발성은 소리의 울림으로서 상대방과의 거리에 따라 소리의 크기를 적절하게 조절하는 것이다. 목소리의 볼륨을 점차적으로 크게 내었다가 점점 작게 내는 발성 연습(목소리의 높낮이)을 한다.

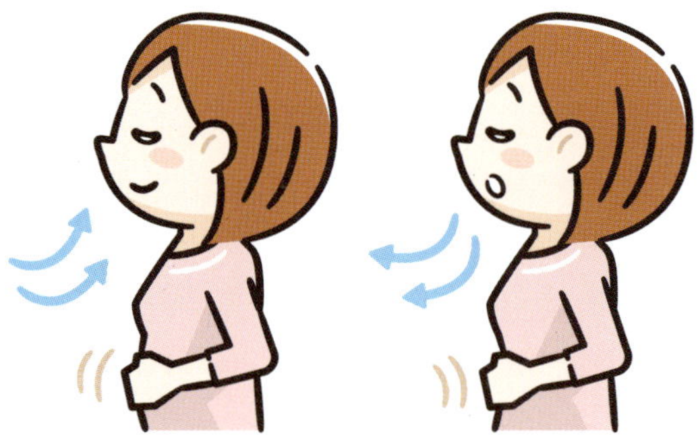

발음연습표

가	갸	거	겨	고	교	구	규	그	기
나	냐	너	녀	노	뇨	누	뉴	느	니
다	댜	더	뎌	도	됴	두	듀	드	디
라	랴	러	려	로	료	루	류	르	리
마	먀	머	며	모	묘	무	뮤	므	미
바	뱌	버	벼	보	뵤	부	뷰	브	비
사	샤	서	셔	소	쇼	수	슈	스	시
아	야	어	여	오	요	우	유	으	이
자	쟈	저	져	조	죠	주	쥬	즈	지
차	챠	처	쳐	초	쵸	추	츄	츠	치
카	캬	커	켜	코	쿄	쿠	큐	크	키
타	탸	터	텨	토	툐	투	튜	트	티
파	퍄	퍼	펴	포	표	푸	퓨	프	피
하	햐	허	혀	호	효	후	휴	흐	히

1) 호감도를 올리는 말하는 방법

- 상대방에 맞게 상대의 마음을 헤아리면서 알기 쉽도록 말하기
- 평소에 상대방의 기분을 먼저 고려하는 습관을 가지기
- 결론부터 간결하게 알아듣기 쉽게 설명하기
- 말의 내용은 핵심을 구체적으로 간결하게 긍정적 단어를 선택하여 표현하기
- 상대방이 관심 없는 이야기는 길게 하지 말고, 상대의 반응을 살피면서 이야기하기
- 듣는 사람의 취향을 파악하기
- 이해하기 쉬운 표현을 사용하기
- 대화 시 시의적절한 주제를 이끌어 내기
- 대화 주제는 누구나 익숙하고 친근한 것으로 선택하기

- 상대방과 나의 말하기 비중을 7 : 3이나 6 : 4 정도로 하기
- 대화 시 말하기 1분, 듣기 2분, 3번 이상 진심어린 반응하기
- 상대방의 정서와 입장을 고려하여 대화를 이끌기
- 상대방이 듣기 좋은 목소리 톤으로 이야기하기
- 속도와 음량을 적절히 유지하기
- 정중하며 따뜻하게 표현하고, 밝은 목소리로 자신감 있게 표현하기

① 비호감 대화

- 상대방에게 가르치려는 일방적 말투로 말하기
- 말의 속도가 너무 빨라 조급함을 느끼게 하기
- 너무 흥분되거나 목소리에 힘을 주어 말하기
- 상대를 비하하거나 인격 모독, 성적인 농담하기
- 지나치게 사적인 질문하기

2) 호감도를 올리는 듣는 방법

말을 잘하는 것과 마찬가지로 듣는 것 또한 중요하다.

대부분의 사람들은 자신의 이야기를 잘 들어주기를 바라며, 누구나 자신의 생각을 전하고 나를 표현하고 싶은 마음은 누구나 갖고 있다. 의사소통에서는 말하는 것보다 듣는 것이 유리하며 인간관계도 단단해진다. 다른 사람의 이야기를 귀 기울여 들으면 상대를 인정하고 존중하는 메시지를 보내는 것이다. 또한 상대방은 나를 신뢰하게 되어 좋은 관계를 맺을 수 있으며 호감가는 이미지를 줄 수 있다. 나에게 호감을 느끼면 주변에 사람이 모여 들고 자연스레 인기도 생기며 새로운 정보도 얻을 수 있다.

① 잘 듣는 방법

- 상대의 이야기를 주의 깊게 듣기(경청)
- 상대방이 경계심을 갖지 않고 긴장을 풀도록 평온한 분위기를 만들기
- 상대의 말을 잘 이해하기
- 웃는 얼굴, 밝은 표정을 지으며 듣기
- 대화 시 상대방과 눈을 마주하면서 관심과 흥미를 보이기
- 상대가 이야기하고 싶은 내용, 말하고자 하는 것을 존중하며 들어주기
- 의견은 상대방과 틀린 게 아니라 다른 거라고 생각하고 마음을 잠시 내려놓기

② 잘못된 듣기 자세

- 상대를 정면으로 바라보지 않거나 상대의 눈을 쳐다보지 않기
- 굳은 표정으로 듣기
- 시선을 한 곳에 두지 못하고 자주 움직이기
- 몸을 뒤로 기대거나 비스듬히 두기
- 상체를 흔들거나 다리 꼬기
- 대화 도중 손톱을 만지거나 팔짱끼기
- 머리카락을 만지거나 손가락질하기
- 상대의 이야기를 끝까지 듣지 않고 중간에 끼어들거나 일방적으로 결론을 내기
- 상대의 이야기를 제대로 듣지 않고 자신의 이야기로 화제를 돌리기

3) 맞장구 기술

맞장구를 잘하지 않으면 상대방은 말할 의욕이 떨어진다.

- 상대의 말에 먼저 공감하기(공감 능력이 뛰어난 사람은 상대에게 호감을 준다.)
- 네, 그렇군요, 맞습니다. 그렇지요. 동감입니다. 이해됩니다. 등 호감을 주는 맞장구 하기
- 대화 내용에 따라 목소리 톤과 말하기 속도를 조절하기
- 분위기를 띄울 때는 목소리 톤을 높여 빠르게 맞장구 하기
- 맞장구에 감정을 제대로 담기
- 상대를 진정시키거나 분위기를 차분해지도록 하고 싶을 때에는 목소리 톤을 낮춰 천천히 맞장구 하기
- 상대방의 눈을 바라보며 말하지 않고, 입꼬리는 올리면서 고개를 끄덕이기
- 맞장구치기 전에 상대가 마음 편하고 침착하게 이야기 할 수 있도록 천천히 침착하기

① 잘못된 맞장구

- 맞장구가 아니라 ‘그게 아니고’, ‘그런데’ 같은 부정어를 넣기
- ‘네’, ‘응’ 같이 같은 말을 계속 반복하는 맞장구
- 과장된 맞장구를 반복하기
- 상대의 말이 끝나기 전에 맞장구하기

4) 성공적인 대화질문법

질문은 대화에서 필요한 요소로 좋은 질문을 하면 원활한 대화가 가능해지고, 상대방이 스스로 여러 가지 이야기를 쏟아내게 된다.

- 상대가 원하지 않는 질문이나 애매모호한 질문, 포인트에서 벗어나는 질문, 난처한 질문은 피하기
- 질문은 구체적으로 하기
- 상대의 말하기 속도와 목소리 톤에 맞추어 질문하기
- 미리 좋은 질문을 하기 위해 사전에 상대에 대해 정보를 알아내어 소재를 준비하기

5) 좋은 인상을 주는 태도와 몸짓

이야기를 들을 때는 완벽한 대화나 완벽한 맞장구 하더라도 상대방을 불쾌하게 하는 태도와 몸짓을 하지 말아야 한다. 상대방의 이야기를 들을 때에는 웃는 얼굴이 가장 중요하다. 웃는 얼굴은 상대방에게 적의가 없으며 이해한다는 신호이다. 하지만 웃을 만한 상황이 아닌데도 아무 때나 아무 말이나 웃는 경우 진지하게 이야기를 듣지 않는 인상을 줄 수 있어 역효과를 불러일으킬 수 있다.

- 상대가 이야기를 할 때에는 무표정한 표정을 짓거나 긴장한 표정, 어설프게 웃는 표정, 부자연스러운 억지 미소를 짓지 않기
- 무리한 표정보다는 입꼬리를 살짝 올리면서 자연스러운 미소를 지어 상대방의 이야기를 듣기
- 자세는 바르게 하며 눈을 바라보기
- 상대방과 대화를 나누면서 어깨와 가슴을 펴는 자세를 유지하기
- 상대방과 서로 대화를 나눌 때에는 몸의 방향을 정면으로 보기
- 상대방과의 중요한 대화 시에는 상체를 약간 숙여주기
- 대화 시 자연스러운 시선처리 하기(눈맞춤 60%, 얼굴과 목 사이 등 다른 부분 40%)
- 대화도중에 상대의 이름을 기억했다가 부르기(친밀감을 형성하고 신뢰감을 준다.)
- 대화 시 상대를 칭찬하는 말이나 배려하는 말하기
- 칭찬이나 상대에게 관심을 가져 주기

6) 설득의 기술

상대방을 설득하려하지 말고 행동하게 만드는 것이 좋다.

말로 설득되는 경우는 20%, 행동으로 설득되는 경우는 80%이다. 내가 말을 하는 게 아니라 상대가 말을 하도록 만드는 것이 중요하다. 즉 말로 상대를 설득하려고 하지 말고 상대방 스스로 긍정적인 행동을 하도록 해야 한다. 상대를 말로 설득할 때는 반드시 긍정적인 대답인 '네' 라고 대답하게 만들어야 한다는 것이다. 사람은 긍정적인 행동을 한번 하게 되면 또다시 긍정적인 행동을 할 확률이 증가하며 한번 행동하면 몸과 마음이 행동을 따라간다.

사람들의 행동을 유도하기 위해서는 개입을 해야 한다. 내가 원하는 방향의 행동을 상대에게서 이끌어내는 것이다. 무조건 내가 원하는 방향을 이끌기보다는 상대방이 좋아하는 행동으로 어느 정도 타협을 하고 나서 'Yes'를 개입시킨다. 그러면 상대방은 내가 원하는 행동을 하게 될 확률이 높아진다. 사전에 작은 부분에 대해 'Yes'라고 한 번 승낙하게 되면 그다음 일에 대해서도 'Yes'가 될 확률이 높아진다. 또한 상대방을 개입시킬 때 우리, 우리에게, 당신 등의 표현을 사용하여 친밀감을 높이고, 상대방이 긍정적인 감정을 불러일으킬 수 있도록 진심으로 인정해주는 언어를 사용한다.

5. 비즈니스 매너

매너는 예의범절로서 상대방을 존중해 주고, 불편하지 않게 편안하게 해주는 것을 의미한다. 아름다운 매너는 올바른 인간관계를 맺기 위하여 익혀야 하는 것이다.

비즈니스 매너는 주어진 상황에서 적절한 행동과 세련된 매너로 다른 사람들과의 원만한 교류를 갖는 것으로 상대방의 인격을 존중하고 배려하는 자세이다. 비즈니스 매너를 갖추는 것은 상대방에게 좋은 인상과 호감, 신뢰감을 주며 성공적인 비즈니스에 영향을 미치게 된다.

1) 인사

인사는 기본 예의로서 인간관계 형성의 첫 신호이며, 상대에게 마음을 열어주는 행동의 표현이다. 또한 인사는 상대방에 대한 존경심과 친절, 인격과 교양을 나타내는 외적 표현으로서 두 사람의 관계를 파악할 수 있다.

인사행동은 상대방의 눈을 마주하고 미소 지으며, 진심어린 목소리로 인사말과 함께 고개를 숙이고, 숙인 고개를 천천히 들며 눈을 마주하는 과정을 말한다. 인사 동작은 과도하게 허리를 굽히지 말고 발과 무릎이 벌어지지 않게 한다. 손의 위치는 여자의 경우 왼손 위에 오른손을 포개고, 남자의 경우 오른손 위에 왼손을 포개어 아랫배 부분에 자연스럽게 올려놓는다.

인사방식은 상황에 따라 다르게 적용하며, 허리를 굽히는 각도에 따라 내용이 달라진다. 목례는 가벼운 인사로 상체를 15° 정도 숙이고, 보통례는 상체를 30° 숙이는 자세로 평상시 어른이나 손님을 맞이할 때 하는 일반적인 인사이다. 정중례는 정중한 표현으로서 상체를 45° 숙이는 자세로 감사, 사죄할 때 등 가장 격식을 갖추고 하는 인사이다.

① 좋은 인상을 남기는 인사

- 머뭇거리며 망설이지 말고 먼저 인사하기
- 눈을 마주 보며 밝은 표정으로 인사하기
- 장소와 상황에 맞는 인사하기(화장실, 엘리베이터, 회의실 등)
- 급하게 인사하지 말고 하던 일은 잠시 멈추고 인사하기
- 고개만 끄덕이는 인사 하지 않기(성의 없어 보인다.)
- 상황에 맞는 인사말과 함께 인사하기

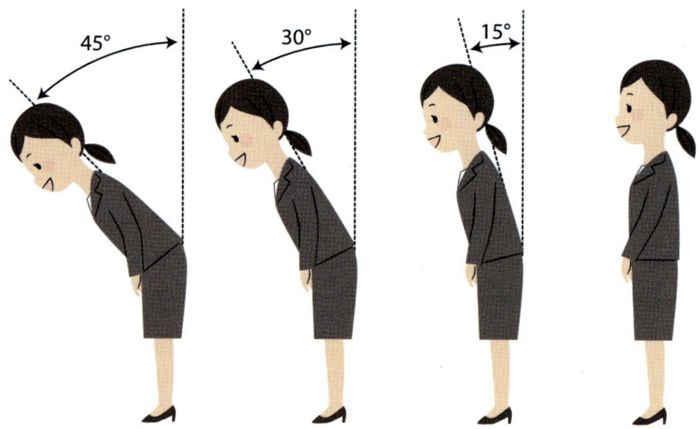

2) 호칭

사회생활에서 직장 내 조직원 간의 원활한 의사소통은 가장 기초적이며 대인관계를 원만하게 유지하게 한다. 직장생활의 기본 예절 중 하나는 제대로 된 호칭 사용이다. 상대에 맞는 적절한 호칭은 성공적인 사회생활을 하는데 있어 원만한 인간관계를 유지하는 데 도움이 된다. 또한 상대방에 대한 존중과 관심을 표현이므로 호감가는 인상을 줄 수 있다. 상대방에 따라 직급, 나이, 상황 등을 고려하여 알맞은 호칭을 구사해야 한다.

① 상급자일 경우 호칭

- 상급자의 성과 직의 다음에 존칭인 '님'을 붙인다.(예 : 강팀장님)
- 성명을 모를 경우 직위에 존칭인 '님'을 붙인다.(예 : 차장님)

② 하급자일 경우 호칭

- 직책이 있는 경우 성에 직책을 붙인다.(예 : 박대리)
- 직책이 없는 경우 이름에 "00씨"를 붙인다.(예 : 규빈씨)

③ 동급자일 경우 호칭

- 동급자이지만 먼저 입사한 경우에는 성과 직위에 존칭인 '님'을 붙인다.(예 : 홍대리님)
- 동료나 동급자일 경우에는 성과 직위, 직명을 부른다.(예 : 최대리, 00씨)

3) 소개 매너

비즈니스 관계에서 본인을 소개하고 상대를 소개받거나, 다른 사람을 소개시키는 것은 인간관계를 쌓아가는 것이며, 함께 자리한 사람에 대한 존중과 관심의 표시이다. 처음 만나는 자리에서 소개하는 방식과 내용은 그 사람의 이미지와 인간관계, 비즈니스에 영향을 미칠 수 있다.

① 소개 방법

- 소개하는 사람이나 소개 받는 사람 모두 서로 서서 소개하도록 한다.
- 손아랫사람을 손윗사람에게 먼저 소개한다.
- 연령이나 사회적 지위가 비슷한 사람이 여러 명일 경우 소개하는 사람과 가까이 있는 사람부터 소개한다.
- 먼저 인사 받을 사람의 이름(직위, 직업 등)을 부르고 나서 인사할 사람을 소개한다.
- 소개를 주고받을 때에는 상대방과 시선을 마주하고, 존중과 환영을 표현하는 표정을 짓도록 한다.
- 자신을 소개할 때는 상대방을 존중하는 자세를 가지며, 자신의 이름을 정확히 전달하고 상대의 이름은 주의해서 듣는다.
- 소개를 하거나 소개를 받을 경우에 인사와 악수를 하고, 명함을 주고받으며 자기소개를 간단히 한다.
- 헤어질 때에도 일어서서 인사한다.

4) 명함 매너

명함은 인간관계, 비즈니스 관계 등에서 자신이 어떠한 사람인지 짧은 시간 안에 정확하고 간략하게 소개할 수 있는 것으로서 자신을 표현하는 도구이며 많은 정보가 포함되어 있다. 명함은 상대방에 경의를 표하며 정중히 다루어야 하며, 예의 있는 명함 매너는 상대방에게 좋은 인상을 남긴다.

① 명함교환 방법

- 명함을 주고받을 때에는 일어서서 전달한다.
- 손아랫사람이 윗사람에게 먼저 드린다.
- 방문 시에는 상대방보다 먼저 명함을 건넨다.
- 여러 사람과 만날 때에는 각각 전달한다.(명함을 평소 넉넉히 준비해 둔다.)
- 명함을 전달할 때는 명함지갑에서 꺼내며, 정중히 인사하고 자기소개를 간단히 한다.
- 명함을 받고 곧바로 자신의 명함을 정중히 건넨다.
- 명함을 주고받을 때는 공손함을 표현하며, 상대방의 가슴 높이에서 오른손으로 주거나, 왼손을 오른손에 받쳐 건네고 왼손으로 받는다.
- 받은 명함을 지니고 인사할 때는 명함을 보고 인사를 나눈다.

- 명함의 내용 중에 모르는 내용이 있으면 정중히 묻는다.
- 명함을 교환 후 대화 시에는 테이블 위에 명함을 두고 대화한다.
- 받은 명함은 떨어뜨리거나 명함 위에 메모를 하는 등 받은 명함을 소홀하게 다루지 않는다.

5) 악수 매너

전 세계에서 가장 보편적으로 나누는 비즈니스 인사는 악수이다.

악수는 다양한 장소와 상황에서 만날 때나 헤어질 때 손을 맞잡고 위아래로 흔들며 행해지는 인사이다. 악수는 상대방에게 간결하고 강력한 메시지를 줄 수 있는 신체적 접촉이며, 상대방을 제압하는 하나의 몸짓 언어이기도 하다. 또한 악수는 친밀감을 주는 의미이며, 긍정적이고 호의적인 인상을 주고 상대방에게 신뢰도를 높이기도 한다.

① 올바른 악수 방법

- 악수를 할 때에는 가능하면 서서 악수한다.
- 정중한 마음과 바른 자세로 응한다.
- 악수는 윗사람, 연장자, 지위가 높은 사람이 먼저 손을 내밀며, 남녀의 경우 여성이 먼저 악수를 청한다.
- 웃어른과 악수할 경우 아랫사람은 허리를 약간 굽힌다.
- 몸의 방향을 상대를 향하게 한다.
- 시선은 상대방과 맞추고 가벼운 미소를 띠운다.
- 오른손을 수평으로 내민다.
- 잡은 손의 위치는 가슴 아래에서 허리선 사이가 적당하다.
- 상대방의 손바닥이 만나게 한다.
- 손끝만 살짝 잡거나 너무 세게 잡지 않는다.
- 손목만 흔들지 말고 팔 전체를 흔들어 준다.

- 계속 흔들거나 계속 손을 잡지 말고 3초 이내로 악수한다.
- 악수하지 않는 손을 주머니에 넣고 악수를 하지 않는다.
- 손에 땀이 나면 먼저 손수건으로 닦고 악수한다.
- 악수하는 동안 간단한 인사와 인사말 등을 한다.

6. 건강한 피부를 위한 스킨케어

깨끗하고 촉촉하며 광택이 느껴지는 피부는 밝고 건강한 사람으로 보인다. 또한 맑고 깨끗한 피부는 호감 가는 인상을 줄 수 있으며, 피부가 칙칙하고 지저분해보이며 안색이 어두우면 우울해 보일 수 있다. 일이 잘 되고 편안해 보이는 리더의 얼굴은 적당한 윤기가 흘러 보이며 피부에서 빛이 난다.

건강하고 아름다운 피부를 관리하기 위해 피부에 대한 구조와 기능, 피부의 유형에 대해 살펴보기로 한다.

우선 좋은 피부를 가지려면 피부의 상태 및 변화에 영향을 주는 요인을 알아야 하며 무엇 때문에 피부가 달라지는지 제대로 알아야 한다. 피부는 끊임없이 변화하며 피부 상태는 유전적 경향, 호르몬, 음식, 자외선, 흡연, 활성산소, 산화스트레스, 화장품 성분, 계절, 스트레스, 수면 등의 요인에 의해 좌우된다. 피부 문제의 증상을 완화하는 건 피부관리, 좋은 식단, 충분한 수면과 운동, 안정된 건강 상태가 도움이 된다. 피부에 좋은 수면 시간대에 잠을 자는 것도 도움이 된다. 밤 10시에서 새벽 2시 사이에는 피부 재생에 도움이 되므로 이 시간대에 숙면을 취하는 것이 좋다.

1) 피부의 구조와 기능

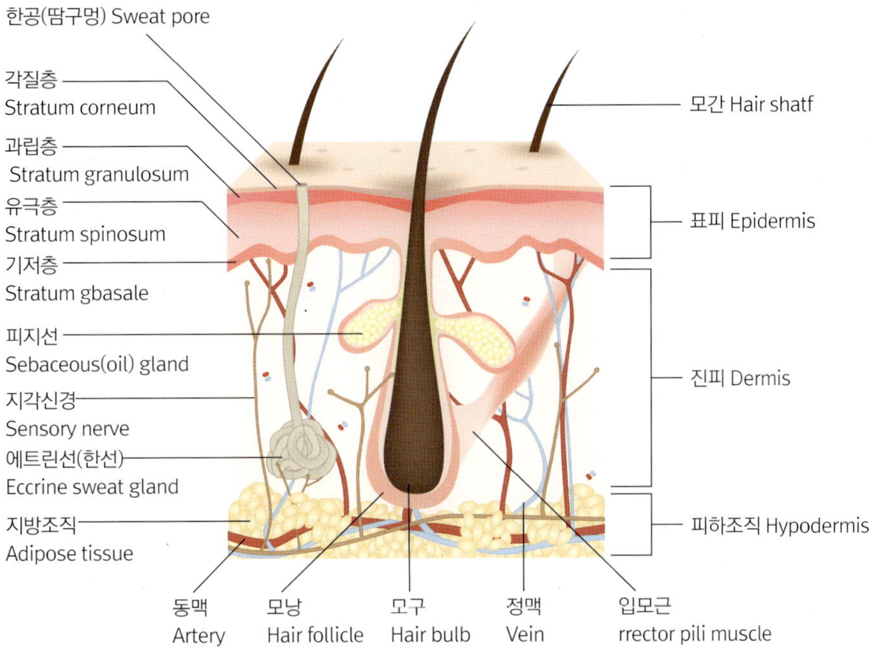

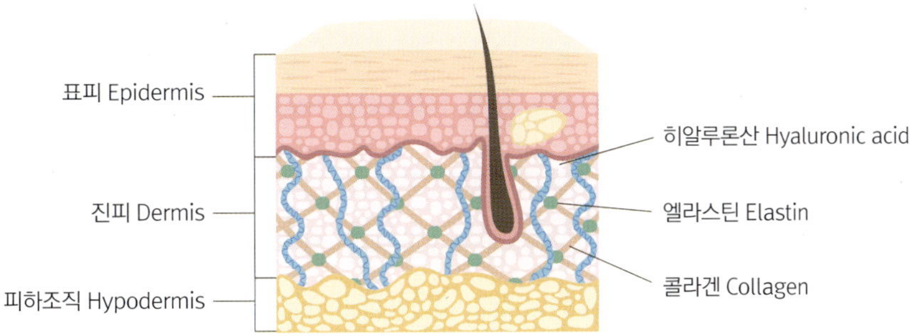

피부는 몸을 감싸고 외부 자극으로부터 체내의 모든 기관을 지켜주는 보호기능, 감각기능, 한선이나 피지선의 분비를 조절하여 체온을 일정하게 유지하도록 하는 체온 조절기능, 비타민 D 합성, 면역기능, 흡수기능, 분비 · 배설기능, 호흡기능, 저장기능을 담당한다. 피부의 구조는 표피, 진피, 피하조직으로 구성되어 있다.

① **표피**

표피는 우리 눈에 보이는 맨 위에 있는 층으로 온몸을 덮고 있는 반투명층이다.

두께는 1mm 정도로 매우 얇고 혈관은 없으며, 진피의 유두층의 모세혈관으로부터 영양분을 공급받는다. 표피는 외부환경으로부터 몸을 보호하며 수분 손실을 방지하는 방어막의 기능을 하는 천연보습인자를 함유하고 있는 각질층, 투명층, 과립층, 피부 방어막을 형성하는 유극층(가시층), 멜라닌 세포(자외선으로부터 피부를 보호해주는 역할), 면역 세포가 생성되는 기저층의 구조로 되어 있다.

세포는 표피의 기저층에서 태어나 각질층까지 5단계를 거쳐 모습을 바꿔가며 올라간다. 즉 피부세포는 표피 5겹 안에서 태어나고 자라며 죽는 과정을 거치는데 이 과정은 28일 정도 걸리며, 나이가 들수록 이 과정이 느리게 진행된다(각화주기). 그 결과 죽은 세포가 표피에 오랫동안 남아있어 노인의 피부는 칙칙하며 윤기가 없어진다.

② **진피**

진피는 피부의 중간층으로 모낭, 땀샘, 신경, 혈관 등 피부부속기관을 포함하고 있으며, 피부 탄력과 관련이 있다. 진피는 유두층과 망상층으로 이루어져 있다.

유두층은 표피의 기저층과 접하고 물결모양을 형성하며, 각질형성세포에 산소와 영양을 공급해준다. 망상층은 진피의 대부분을 차지하는 그물모양의 망상구조로 되어있으며 콜라겐(교원섬유), 엘라스틴(탄력섬유), 기질로 구성되어 있다.

진피의 주된 구성 요소는 90%를 차지하는 콜라겐으로 피부에 탄력과 생기를 준다. 자외선, 스트레스 등 외적 요인과 내적 요인, 자연적 노화과정으로 콜라겐과 엘라스틴이 분해되면서 피부가 처지고 윤기를 잃어간다.

③ **피하조직**(피하지방층)

피하조직은 진피와 근육, 뼈 사이에 위치한다.

지방세포, 혈관, 신경이 분포하며 신체 부위, 나이, 성별, 영양 상태에 따라 두께가 다양하다. 체온조절기능과 영양소 저장기능, 외부 충격의 완충기능을 한다.

2) 피부타입별 스킨케어

피부유형은 피부 보습, 피지 분비량, 피부 조직, 각질상태, 민감상태, 탄력성, 모공의 크기, 색소침착 등으로 결정된다. 피부 타입을 정확히 알고 피부에 맞는 화장품을 선택하고 스킨케어를 해야 한다.

① 정상 피부

가장 이상적인 피부로 유분과 수분이 적절한 균형을 이루며 피부 표면이 부드럽고 탄력이 있다. 모공 크기는 작고 눈에 잘 띄지 않으며 당기거나 번들거리지 않는다.

관리방법은 현재의 피부상태를 유수분의 균형을 맞추어 유지시키고, 보습성분이 함유된 화장품과 팩을 사용하며 외출 시 자외선 차단제 크림을 바른다.

② 건성 피부

유분과 수분이 모두 부족한 상태로 피부가 얇고 잔주름이 생기기 쉽다. 모공은 좁고 세안 후 아무것도 바르지 않으면 심하게 당기고 자극 받을 수 있으며, 각질이 일어나거나 피부가 거칠다. 눈 주변에 잔주름이 빨리 생긴다.

관리방법은 보습효과가 뛰어난 화장품과 영양팩을 사용하고, 외출 시 자외선차단제 크림을 바른다. 과도한 세안이나 딥클렌징은 하지 않도록 한다.

③ 지성 피부

정상피부보다 피지가 과다하게 분비됨으로서 피부 표면이 번들거린다. 모공이 크며 피부 두께는 두껍고 거칠다. 여드름 등 피부 트러블이 생기가 쉽다.

관리방법은 피지제거와 각질제거를 하고, 수분이 함유되어 있는 화장품을 사용해준다. 외출 시 자외선 차단제 크림을 바른다.

④ 복합성 피부

얼굴 부위에 따라 피부 유형이 다르게 나타난다. T-zone(이마 ~ 코)은 지성 피부로 피지분비가 많고, U-zone(볼 ~ 턱 ~ 볼)은 건성 피부의 특징으로 건조함을 나타낸다.

관리방법은 T-zone은 각질과 피지를 제거해주고, U-zone은 유수분의 균형을 유지하는 크림을 발라준다. 외출 시 자외선 차단제 크림을 바른다.

⑤ 민감성 피부

외부 자극에 민감한 피부로 피부두께는 얇고, 얼굴이 쉽게 붉어지며, 자극에 약하고, 알레르기가 생기며 모세혈관이 확장된다.

관리방법은 약산성 세안제를 사용하고, 딥클렌징과 같은 물리적 자극은 피하도록 한다. 보습성분의 화장품을 사용하여 피부건조를 방지하고 피부보호막을 형성해준다. 외출 시 자외선 차단제 크림을 바른다.

⑥ 여드름 피부

호르몬의 불균형으로 피지 분비가 왕성하며, 모공 내 각질이 쌓여 피지가 밖으로 배출되지 않아 여드름이 생긴다.

관리방법은 각질제거와 피지 흡착을 하고, 손으로 만지거나 짜는 행위는 하지 않도록 한다. 여드름전용 화장품을 사용해주고 외출 시 자외선차단제 크림을 바른다.

⑦ 색소침착 피부(기미)

자외선으로부터 피부를 보호하기 위해 멜라닌 색소가 과다 생성되어 피부에 갈색을 띠게 된다.

관리방법은 자외선 차단제 사용을 생활화하고 수분관리와 미백기능성화장품을 사용해준다. 외출 시 자외선 차단제 크림을 바른다.

⑧ 노화피부

노화는 자연적 노화와 지속적인 자외선 노출에 의한 광노화로 발생한다.

관리방법은 자외선 등 외부 자극으로부터 피부를 보호하고, 편안한 미음과 균형있는 식생활을 한다. 팩과 마스크, 마사지를 통해 혈액순환을 촉진시킨다. 외출 시 자외선 차단제 크림을 바른다.

3) 나이별 스킨케어

① 10대

피부 세포의 재생이 28일마다 이루어지며 피부가 매끄럽고 탄력이 있다. 호르몬 변화로 여드름을 유발할 수 있다. 여드름 관리를 해준다.

② 20대

피지 분비가 많은 사람은 여드름과 번들거림이 생긴다. 주름 없는 팽팽한 피부지만 자외선으로 인해 잡티와 눈가 주름이 생겨나기 시작한다. 피지관리를 통해 여드름피부로 진행되지 않게 관리해주며 자외선 차단제를 꼼꼼히 바르고 미백관리를 해준다.

③ 30대

피부에 노화 징조가 나타나기 시작한다. 피부 재생이 느려지고 각질층에 죽은 세포가 쌓여 칙칙해진다. 진피의 콜라겐과 엘라스틴 섬유의 작용이 활발해지지 못하여 탄력이 떨어지기 시작한다. 스트레스는 콜라겐 형성을 저해하며 반복적인 근육 사용으로 미간 등 주름이 나타나기 시작한다. 보습에 신경써야 할 시기이다. 약산성 클렌저와 보습제를 피부타입에 따라 사용한다.

④ 40대

자연적인 피지 감소로 피부는 더 건조해지고 주름살이 나타나며 콜라겐 붕괴로 탄력이 떨어지고 피부가 처지게 된다. 세포 재생이 늦어지므로 각질층의 죽은 세포들이 두꺼워지며 피부가 칙칙해진다. 보습에 신경써야 한다. 하루 8잔 정도의 물을 자주 마시고 화장품 사용과 각질제거, 팩을 해준다.

⑤ 50대

피지 생산이 느려져 건성이 심해지며, 안면 홍조 등 폐경기 증상이 나타난다. 신피의 콜라겐이 부족해지므로 피부는 얇아지고 약해진다. 또한 에스트로겐 저하로 인해 피부의 진피 구조인 콜라겐과 엘라스틴이 붕괴하면서 피부가 처진다. 피부보호, 영양공급, 보습이 중요하다.

⑥ 60 ~ 70대

피부 장벽이 힘을 잃어가서 수분이 빠져나가 피부가 심각하게 건조해진다. 눈밑 다크서클, 검버섯, 얼룩덜룩한 피부색이 나타난다. 피부를 보호하고 영양공급과 보습에 더욱 신경을 써야 한다.

4) 계절에 따른 스킨케어

피부 상태는 계절에 의해 크게 변화한다. 계절에 의한 피부의 변화를 알고 신경을 써서 건강하고 아름다운 피부를 오랫동안 유지할 수 있다.

① 봄

대기는 건조하고 기온은 높아지는 계절로 황사, 꽃가루, 자외선 등으로 피부의 피지분비가 늘어나 여드름과 뾰루지가 생기기 쉽다. 수분량은 감소하여 피부가 많이 건조해져서 각질이 생기고 기미 등 잡티가 두드러지게 나타난다.

스킨케어는 물을 많이 마셔주고 피부에 보습과 영양을 충분히 공급해 준다. 수분크림으로 피부를 촉촉하게 만들어준다. 외출 시 반드시 자외선 차단제를 발라 자외선으로부터 피부를 보호해 준다.

② 여름

강한 자외선으로 피부에 손상이 가장 큰 계절이다. 피지와 땀의 분비가 많아지며 피부의 저항력이 약해지고 모공이 늘어진다. 자외선이 강하고 에어컨 바람으로 피부는 건조해지고 기미, 잡티가 많아진다. 스킨케어는 자외선으로부터 자극받은 피부를 진정시키고 보습케어를 해준다. 멜라닌색소로 인해 거뭇해진 피부톤을 개선해 주는 미백관리에 신경을 쓴다. 자외선 차단제를 발라 자외선으로부터 피부를 보호한다.

③ 가을

기온이 내려가고 공기가 건조하기 시작하는 계절이다. 여름의 자외선으로 인해 각질과 멜라닌색소로 피부는 칙칙해지고 거칠어진다. 피부가 건조해지고 윤기와 탄력을 잃어 잔주름이 나타난다.

스킨케어는 각질이 많아지고 화장이 들뜨지 않게 보습관리와 미백관리를 해준다. 고농축 에센스로 피부에 수분을 준다. 자신의 피부상태에 맞는 팩과 마사지를 하여 피부에 영양과 혈액순환을 촉진시켜준다. 자외선 차단제를 발라 자외선으로부터 피부를 보호한다.

④ 겨울

춥고 건조해진 날씨로 인해 피부의 기능이 둔해지며 피부탄력이 없어지며 피부가 거칠어진다. 또한 실내 난방으로 피부가 건조해진다.

스킨케어는 각질관리를 해주고 피부에 영양과 보습을 하여 매끄럽고 촉촉한 피부결로 가꿔준다. 자외선 차단제를 발라 자외선으로부터 피부를 보호한다.

5) 클렌징

건강하고 투명한 피부 유지의 기본은 클렌징에 달려있다. 클렌징은 피부에서 분비되는 피지와 땀, 먼지 등의 노폐물과 메이크업의 잔여물 등을 제거하는 과정이다. 세수를 제대로 하지 않으면 좋은 피부를 가질 수 없으며, 피부 타입에 맞도록 딥클렌저를 선택하여 피부 속 노폐물인 묵은 각질과 피지를 제거해준다. 노폐물이 적절하게 제거되지 않은 피부 상태에서는 화장품의 유효성분이 효율적으로 흡수될 수 없다.

피부에 이상적인 pH는 약산성으로 5.5 정도이다. 피부의 pH는 산성, 알칼리성의 정도를 표현하는 기준으로서 산성이온농도(Potential of hydrogen)의 약어이다. 강알칼리성의 비누나 클렌저로 세안 시 산성보호막이 점차 알칼리화되어 손상과 염증이 일어날 수 있다.

클렌징 제품은 워터, 로션, 오일, 크림, 폼클렌징 등 피부유형에 맞도록 자극이 없는 것을 선택한다. 세안은 매일 아침과 저녁 2번을 원칙으로 한다. 아침은 가볍게 세안하며, 저녁은 피지와 공기 중의 먼지나 더러움, 메이크업을 제거하기 위해 세안한다.

① 올바른 세안법

- 먼저 손을 깨끗하게 씻는다.
- 메이크업 시 포인트 화장인 눈, 입술을 전용 리무버로 닦아준다.
- 피부에 맞는 세안제를 선택하여 사용한다.
- 피부결을 따라 손동작을 1 ~ 2분 정도 움직여주어 피부의 노폐물을 제거한다.
- 폼클렌저는 손바닥에서 충분히 거품을 낸 다음 얼굴 아래서 위 방향, 안에서 바깥 방향, 이마의 중심에서 바깥 방향으로 문지른다.
- 콧방울은 피지가 쌓이기 쉬우므로 손가락 끝을 사용하여 원을 그려 문지른다.
- 미지근한 물을 사용하여 씻어준다.
- 세안 후 수건은 피부에 자극을 주지 않아야 하며 물기를 톡톡 두드리듯이 닦아 낸다.

포인트 메이크업 클렌징

클렌징 동작

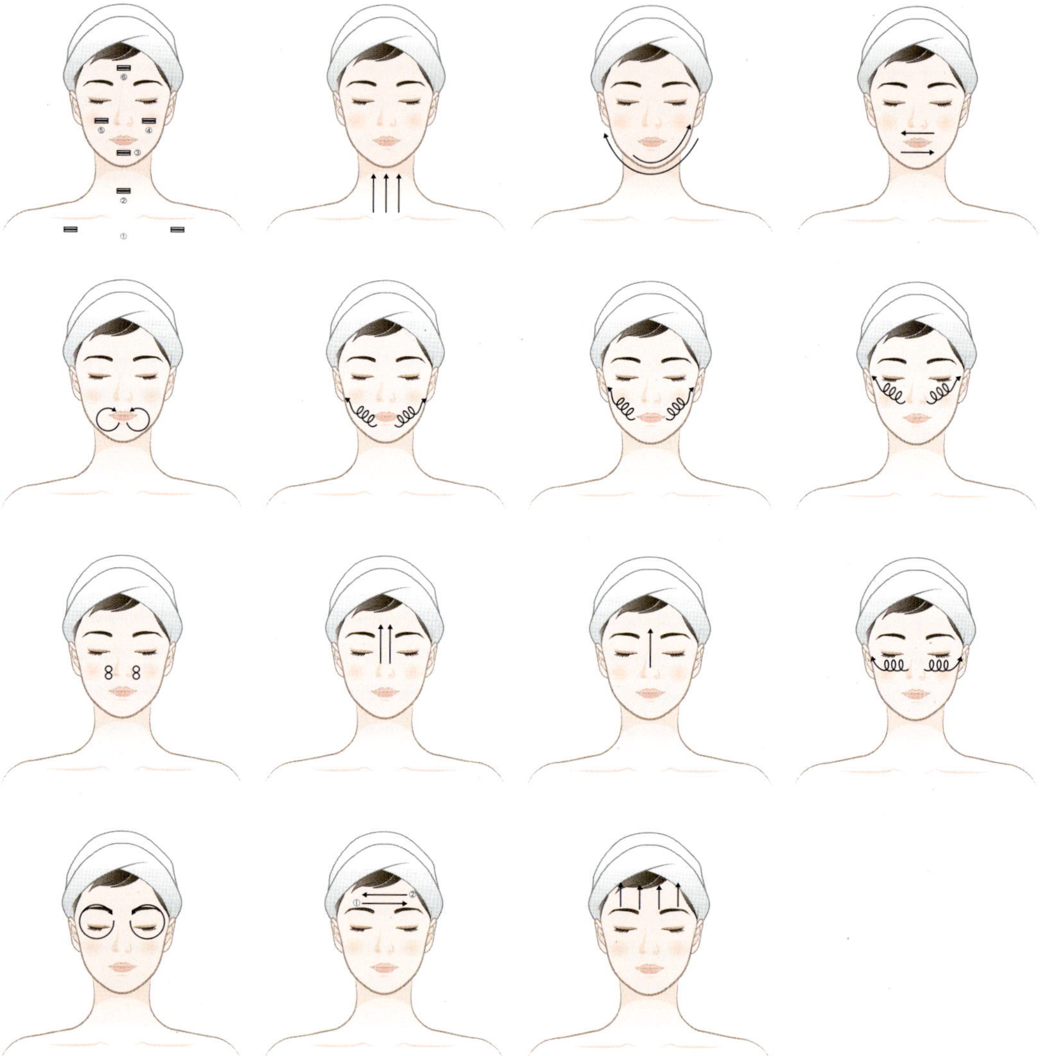

② 딥클렌징

묵은 각질을 제거하지 않으면 피부가 칙칙해 보이며 거칠고 두꺼워진다.

- 딥클렌징은 피부타입에 맞고 자신의 피부 상태에 따라 각질제거제(스크럽, 효소, 고마지 등)를 선택하고 사용부위, 사용량, 사용횟수를 조절하여 사용해준다.
- 건성피부과 예민한 피부는 2주에 한 번 정도 피부에 자극적이지 않도록 딥 클렌징한다.
- 지성 피부와 여드름 피부는 주 2회 정도, 복합성 피부는 주1회 정도 딥클렌징을 해준다.
- 각질제거 시 스팀 타월을 이용하면 훨씬 효과적이다. 스팀 타월은 타월에 물을 적셔 물기를 살짝 짠 뒤 위생비닐에 넣고 전자레인지에 30초 ~ 1분 정도 데운다. 타올의 온도가 너무 뜨겁지 않도록 한다.
- 스팀타월로 얼굴 전체를 감싸고 타월의 온기가 식기 전까지 사용해준다.
- 딥클렌저 사용시 피부에 자극을 줄 수 있으므로 눈 주위와 입술은 피하고, 피부 트러블이 생겼을 때는 하지 않는다.
- 딥 클렌징 후에는 기초 화장품으로 충분한 수분 공급을 해준다.

6) 화장품

기초 화장품은 외부 환경에 대해 피부를 최대한 방어하고 보호하며, 피부를 청결히 하고 수분과 유분을 보충하여 건강한 피부를 만들기 위해 사용하는 화장품을 말한다.

화장품은 사용하는 대상, 사용목적, 사용기능을 고려하고 안정성, 안정성, 사용성, 유효성을 갖춘 화장품을 사용하여야 한다. 피부유형별 화장품은 연령에 따라 피부상태에 따라 선택하며 사용목적에 따라 기초화장품, 기능성화장품, 메이크업화장품, 모발화장품 등으로 나눌 수 있다.

화장품 원료 중 보습제가 중요하다. 보습제는 공기 중의 수분을 끌어당겨 피부를 촉촉하게 하는 작용으로 주로 수분손실을 적게 해주고, 피부표면을 보호하며 피부를 매끄럽게 한다.

기초화장품 바르는 순서는 피부에 빠르게 스며드는 가벼운 제형인 묽고 수분감이 있는 제품부터 바른다. 화장품은 화장수, 에센스, 아이크림, 로션, 크림, 자외선 차단제(낮)순으로 바른다.

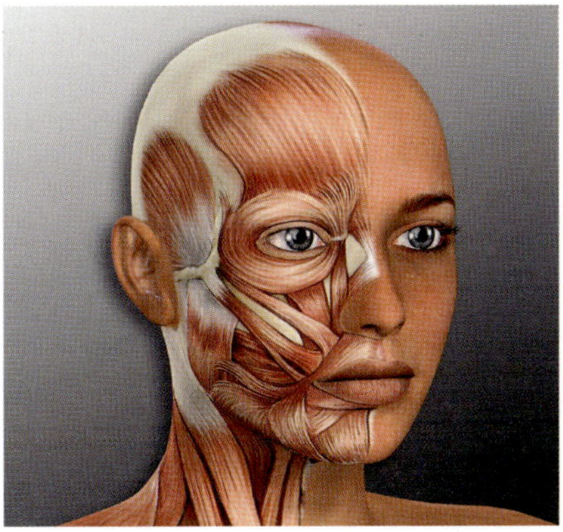

① **화장수**(토너)

'스킨'으로 익숙하게 불리는 화장수(토너)는 수분을 공급해 주고 피부 표면의 pH를 조절한다. 세안 후에 화장솜을 사용하거나 뿌리는 용기에 사용하여 듬뿍 발라준다.

② **에센스**(세럼)

수분과 영양성분이 농축된 제품으로 흡수가 빠르고, 집중적인 관리가 필요할 때 사용한다.

③ **아이크림**

눈가는 피지 분비가 적고 피부가 얇다. 자극이 적은 아이크림으로 보습과 영양을 공급해준다.

④ **로션**

수분과 유분을 보충하고 피부를 더욱 촉촉하게 만들어 준다.

⑤ **크림**

피부에 얇은 유분막을 만들어주어 피부 수분 증발을 막아주고, 화장품의 효과가 오래 지속되도록 해준다.

⑥ **자외선 차단제**

자외선에 의한 피부 침투를 막아 피부를 보호하며, 자외선차단은 조기 노화의 예방이 될 수 있다. 자외선 차단제를 꼼꼼하게 잘 바른다.

자외선의 종류는 UVA, UVB, UVC로 UVA는 생활 자외선으로 불리며 유리창을 통과할 수 있고 진피층까지 침투하여 색소침착, 주름과 피부처짐의 원인이 된다. UVB는 표피와 진피 상부까지 침투하며, 홍반과 염증을 일으키며 기미의 원인이 된다. UVC는 오존층에 대부분 흡수된다. 자외선이 피부에 미치는 영향으로 장점은 비타민D합성, 살균효과, 강장효과가 있으며, 단점으로는 홍반, 일광 화상, 일광 알레르기, 광독성 피부염, 색소침착, 광노화를 일으킨다.

자외선 차단제는 자외선으로부터 물리적인 산란작용과 화학적인 흡수작용을 이용하여 피부를 보호한다. 자외선 차단지수 PA(protection grade of uva) 는 자외선 A를 차단하는 지수로 PA+에서 +표시가 많을수록 차단시간이 길다. 자외선 차단지수 SPF(Sun Protection Factor)는 수치가 높을수록 자외선 차단지수가 높다. 평상시는 SPF 15 ~ 20, 야외활동 시 SPF 30 ~ 50정도가 적당하다. 하루 중 자외선이 가장 강한 시간은 오전 10시에서 오후 3시 사이이다. 자외선 차단제는 사계절 내내 항상 발라야 한다. 자외선 차단제는 땀이나 물에 쉽게 지워지며, 자외선 노출시간이 길수록 피부손상이 심해진다. 자외선 차단제는 외출 30분 전에 바르는 것이 좋으며, 2시간마다 지속적으로 덧

발라준다. 또한 모자나 양산, 선글라스 등으로 자외선으로부터 피부를 보호하도록 한다. 자외선 차단제를 선택하는 기준은 보습 기능이 첨가된 것이 좋으며, 발랐을 때 끈적이거나 너무 매트한 것, 피부가 너무 하얗게 떠 보이는 것은 피하는 것이 좋다.

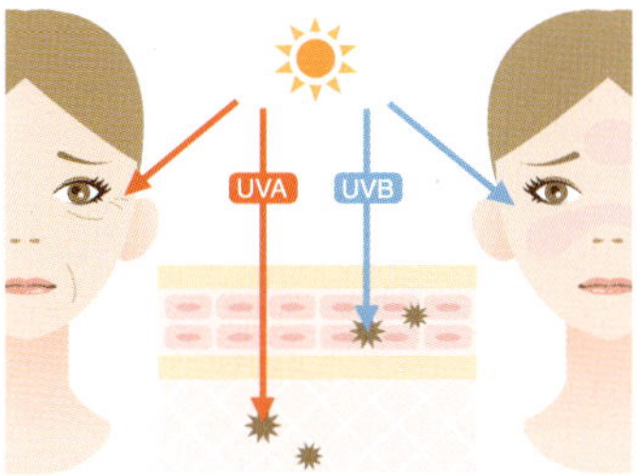

⑦ 팩 · 마스크

피부 표면에 막을 형성함으로써 유효성분이 피부에 흡수된다. 팩의 목적은 영양 공급, 보습효과, 탄력 증진, 잔주름 예방, 미백, 진정효과, 피부 청결효과, 혈액순환을 촉진한다. 팩은 피부타입이나 피부상태에 따라 선택하며, 시간은 15 ~ 20분 정도로 사용한다. 크림이나 젤 형태의 제품을 바를 때에는 얼굴 안에서 바깥 방향으로 볼 · 턱 · 코 · 이마 순으로 바른다.

7) 남성 스킨케어

남성의 피부는 호르몬의 영향으로 여성의 피부보다 두껍고 많은 피지 분비량으로 기름지게 되기 쉬운 피부로서 여성보다 콜라겐 섬유와 엘라스틴 섬유도 많고 지방조직도 더 촘촘하다. 또한 여성의 피부보다 수분 함유량이 낮아 건조해지기 쉬우므로 세안 후 충분한 수분을 보충하여야 한다. 남성의 피부는 화장을 하지 않으므로 항상 자외선 등 외부환경에 노출되어 있다. 기미나 피부가 건조하지 않도록 자외선 차단제를 반드시 사용하여야 한다.

남성 피부는 세안, 면도하고 보습하는 것이다. 세안 시 피부타입에 맞는 클렌저를 선택하며, 일주에 1 ~ 2번 정도 얼굴전체에 각질제거를 하여 모공이 막히지 않게 한다. 또한 피부가 건조하지 않도록 보습제를 바르고 자외선 차단제를 철저히 바른다. 일주일에 한번 정도는 피부 순환이 잘 되도록 마사지를 하고 보습팩을 해서 피부에 영양을 공급해준다.

수염은 남성의 전유물로서 잘만 연출하면 남성미를 살리는 데 효과적이다. 하지만 면도하지 않은 얼굴과 코나 귀에 난 털을 관리하지 않으면 지저분해 보인다. 수염 때문에 피부 트러블을 겪을 수도 있다. 남성의 면도는 피부가 건조하고 민감해 지는데 면도 시 피부 표면의 각질을 깎아내므로 올바른 면도로 피부를 보호해야 한다. 면도부위는 클렌징과 각질제거를 신경써서 관리해 주며, 면도한 부위에 보습관리를 철저히 한다. 면도는 피부를 상하게 하기 쉬우므로 잘못된 방법으로 면도를 하여 피부가 거칠어지지 않도록 한다. 올바른 면도법과 케어를 통해 깨끗하고 부드러운 페이스 라인을 유지하도록 하자.

올바른 면도 방법

면도는 아침에 하는 것이 피부에 상처 입을 염려가 적어진다.
얼굴에 난 털이나 수염의 관리를 잘 하는 사람은 깔끔한 성격이 드러나며, 아침 면도를 꼼꼼히 완벽하게 하면 저녁까지 깔끔한 얼굴을 유지된다.

- 수염이 자라는 방향을 보고 그 방향으로 면도를 한다.
- 면도날이 예리하여 피부 자극을 줄 수 있으니 2주에 한번 정도 교체해 준다.

- 타월을 따뜻하게 적셔 얼굴에 올려두고 난 후 면도하면 털이 30% 이상 팽창되어 면도가 쉬어진다.
- 소량의 셰이빙 제품을 수염에 바른다.
- 털이 난 방향으로 천천히 쓸어준다.
- 나머지 손은 피부를 가볍게 당겨 면도날이 잘 움직일 수 있게 한다.
- 손으로 얼굴을 만져서 털이 남았는지 확인한다.
- 면도 후 면도기는 수염과 제품이 남지 않도록 잘 헹구어 둔다.
- 차가운 물로 얼굴을 씻는다.
- 수건으로 가볍게 닦아주고 피부를 진정시키며 보습제를 발라준다.

7. 좋은 운을 부르는 메이크업

메이크업(Make-up)은 '제작하다', '보완하다' 라는 사전적 의미로 기초화장을 하고 난 후 색조 화장을 말한다. 메이크업은 아름다움을 나타내기 위해 시각적으로 사용되었으며, 외모를 아름답게 꾸밈으로써 자신의 개성과 아름다움을 표현하고 가꾸기 위해 장점은 돋보이게 하고 단점을 수정·보완하여 본인이 원하는 이미지를 연출할 수 있다.

사람은 저마다 타고난 얼굴 생김새가 있다. 아무리 좋은 이목구비를 가지고 있다 하더라도 항상 자신의 얼굴에 밝은 빛과 좋은 행운이 깃들어 좋은 인상의 기운을 얻을 수 있도록 끊임없이 노력하여야 한다. 남성의 경우 콧수염, 턱수염이 남아있지 않게 매일 깔끔하게 면도를 하고 기초화장을 충실히 한다. 입술은 필요시 립밤을 발라 건조하지 않게 한다.

여성의 경우 화장기가 전혀 없는 맨얼굴이 되지 않도록 하며, 눈썹은 깔끔하게 정리한다. 복장에 어울리는 메이크업을 하고, T.P.O(Time, Place, Occasion)에 신경써야 한다. 즉 시간, 장소, 상황에 따른 메이크업을 연출해 준다. 얼굴 전체적으로 너무 진하거나 화려한 메이크업이 되지 않도록 자연스러워야 하며, 화장이 뭉치거나 번지지 않도록 깔끔하게 바른다.

1) 베이스 메이크업

① 메이크업 베이스

피부색의 톤을 보정시켜주고 파운데이션의 색과 밀착력을 좋게 하여 메이크업의 지속력을 높여준다. 적당량을 덜어 얼굴 전체에 얼룩이 생기지 않도록 잘 펴바른다. 특히 눈가, 코 주위도 꼼꼼하게 발라준다.

② 프라이머

얼굴에 생긴 모공, 주름진 곳의 울퉁불퉁한 부분에 피부결을 매끈하게 하기 위해 사용하는 제품이다. 주로 T존과 코 옆에 부드럽게 문질러 흡수시킨다.

③ 컨실러

피부의 결점을 보완할 때 사용하는 제품으로 눈밑의 다크서클, 잡티가 있는 부분을 커버해준다. 다크서클, 팔자주름은 파운데이션 전에 자신의 피부톤보다 한톤 밝게 사용하고, 잡티는 파운데이션 후 한톤 어둡게 선택하여 얇게 펴바른다.

④ 파운데이션

자연스러운 피부 결을 표현할 수 있으며 기미, 여드름, 잡티 등 피부의 결점을 커버해준다. 파운데이션 색을 선택할 때에는 피부 톤과 가장 비슷한 컬러로 목의 색과 가까운 색을 선택하는 것도 좋으며, 자신의 피부 톤보다 밝은 톤을 선택하면 화사한 피부 표현을 연출할 수 있다. 바르는 요령은 스펀지나 브러시를 이용하여 머리와 이마의 경계라인이 생기지 않도록 안에서 밖으로, 가로와 세로로 펴 바르고 두드리듯이 눌러준다. 눈가, 코 주변 등도 꼼꼼히 발라준다.

⑤ 셰이딩과 하이라이트

명암의 차이를 이용하여 얼굴의 윤곽 수정과 입체적이고 화사하게 표현하고자 할 때 사용한다. 자신의 얼굴형을 고려한다. 셰이딩은 작아 보이거나 수축되어 보이고 싶은 곳에 파운데이션 색보다 1 ~ 2단계 어두운 색을 사용하며, 하이라이트는 화사하고 입체감 있게 표현하고자 할 때 파운데이션 색보다 1 ~ 2단계 밝은 색을 사용하여 포인트를 준다.

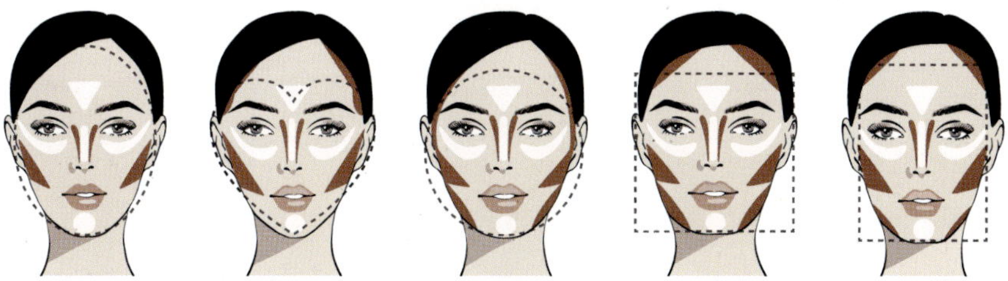

Oval　Heart　Round　Square　Rectangle

⑥ 페이스 파우더

파운데이션 사용 후 피부의 유분기를 눌러주어 보송하게 유지시켜주고 메이크업을 오래 지속시켜준다. 얇게 발라져 투명한 피부를 표현해주는 분말형 파우더와 피지 흡수력이 좋고 휴대하기 간편한 압축용 파우더로 나뉜다.

2) 색조 메이크업

메이크업은 선, 면, 색, 질감의 착시효과를 활용한 표현기법으로서 자신의 얼굴형이나 이목구비의 형태를 고려하여 자신이 원하는 얼굴형태 및 이미지에 맞도록 전체와 부분, 좌우대칭, 색 등을 균형 있고 조화롭도록 메이크업을 연출하는 것이다. 선은 눈썹라인, 아이라인, 입술라인 등을 말하며 면은 아이섀도, 치크, 입술부위이다. 질감은 피부결을 고르게 보이게 하는 피부표현을 의미한다.

이목구비는 얼굴을 상정(헤어라인 ~ 눈썹), 중정(눈썹 ~ 코끝), 하정(코끝 ~ 턱끝)으로 나누고 이마, 눈, 코, 입, 입술, 이, 혀, 귀 등을 관찰한다. 이마에서 눈썹까지는 초년기 운, 눈썹에서 코까지는 중년기 운, 코끝에서 턱까지는 노년기 운이라 하여 얼굴이 전체적으로 균형 잡혀 있어야 하며, 얼굴형태도 전체적으로 모난 데가 없어야 좋은 관상이다.

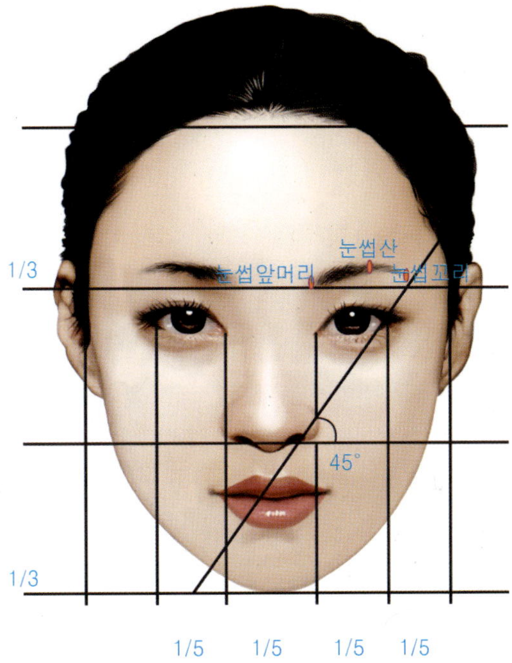

① **이마**

이마는 15 ~ 30세까지의 운세를 관장하는 곳으로 하늘의 복을 물려받는 마당으로 좋은 운을 부른다.

이마의 형태는 넓거나 좁은 이마, 튀어나온 이마, 꺼진 이마, 주름진 이마, M자 이마 등의 모양을 가지고 있다. 이마 중앙이 밝으면 부모나 윗사람의 은혜와 덕을 받으며 사회생활이 원만하다. 이마가 좁은 사람은 출세에 지장이 있으므로 이마에 하이라이트로 밝게 만들어주고, 이마가 넓은 사람은 약간 셰이딩을 하여 좁아보이게 한다. 이마 헤어라인에 잔머리카락이 많으면 근심과 걱정이 많아지므로 깨끗해 보이게 정리해준다.

② **눈썹**

눈썹은 31 ~ 34세의 운기를 볼 수 있고 그 사람의 정신세계를 가장 잘 알 수 있는 곳으로 눈을 보호하는 역할을 한다. 눈썹은 얼굴 전체 이미지에 많은 영향을 미치는 부분으로 눈썹이 주는 인상은 크게 작용한다. 눈썹형태는 길거나 짧은 길이, 짙거나 옅은 숱, 넓거나 가는 두께, 미간의 넓이가 넓거나 좁은 형태를 가지고 있다. 눈썹의 모양은 표준형, 일자형, 아치형, 각진형, 상승형, 처진형을 가지고 있다.

눈썹이 잘생기면 형제복이 있다고 하며, 현대사회에서는 대인관계가 원만하여 인간관계가 매끄럽다고 해석한다. 좋은 기운의 눈썹은 가지런하며 적당한 두께와 숱, 약간의 곡선 모양인 자연스런 둥근 눈썹을 만들어주는 것을 말한다.

눈썹은 얼굴형이나 눈매를 보완해준다. 짙고 두꺼운 눈썹은 자존심이 강하고 추진력과 강한 자기주장을 나타내며 명예욕이 있다. 옅은 눈썹은 부드럽고 섬세한 사람으로 고독형의 느낌을 갖는다. 가는 눈썹은 섬세하고 걱정과 의심도 많고 분석력이 뛰어나므로 조금 두껍게 그려 강한 운을 잡아야 한다. 굵은 눈썹은 성격이 급하고 승부욕이 강하며 감정기복이 심하다. 눈썹 끝이 희미하면 두뇌는 좋지만 대인관계가 약해 보일 수 있다. 삼각형 눈썹은 강한 결단력을 보이며, 일자 눈썹은 고집이 강해 보일 수 있으므로 유연해 보일 수 있는 자연스러운 둥근 눈썹이 가장 이상적이라 할 수 있다.

특히 남성의 눈썹은 인상에 많은 비중을 차지며, 눈썹 각도에 따라 인상이 달라질 수 있다. 너무 짙은 눈썹은 이성적인 이미지가 덜 한다. 심하게 눈썹이 올라가면 위협적이고 신경질적으로 보이고, 눈썹이 살짝 올라간 눈썹은 엄격하며 박력있어 보인다. 살짝 내려간 눈썹은 온화하고 다정해보이며, 눈썹이 심하게 내려가면 울상으로 보인다. 보통눈썹은 평범해 보이므로 눈썹산에 각을 주면 호소력 있는 인상으로 보일 수 있다. 현재 나의 눈썹 유형을 살펴보고 강하거나 멋있어 보이고, 부드럽고 자상한 이미지가 되도록 연출해본다.

- 눈썹 그리기

  눈썹은 얼굴형에 따라 표준형, 직선형(일자형), 화살형, 각진형, 아치형 등으로 선택하여 그려준다.

눈과 눈썹 사이는 가로로 손가락 하나 들어갈 정도가 좋으며, 눈썹머리에서 눈썹 사이 거리는 세로로 손가락 한 개 반에서 두 개 정도가 이상적인 간격이다. 눈과 눈 사이의 거리는 눈의 길이와 같다. 눈썹의 길이와 눈 길이, 눈과 눈썹과의 거리의 대비는 같은 눈이라도 크거나 작게 보이는 착시가 발생된다. 눈썹라인의 경사도에 따라 같은 얼굴이라도 볼이 넓어 보이거나 좁아 보일 수 있다.

눈과 눈썹 사이가 넓은 눈은 눈썹 아래쪽을 강조하여 자연스럽게 보이도록 한다. 반대로 눈과 눈썹 사이가 좁은 눈은 아래 부분을 정리하여 간격을 넓히고 눈썹 위쪽을 가로로 손가락 하나 들어갈 정도의 위치로 그려준다.

눈썹 머리의 시작은 콧날 중심에서 일직선으로 그린 후 위치를 찾아 보고 눈썹의 간격에 맞추어 그려준다. 눈썹산의 위치는 눈썹 전체 길이의 2/3지점이고, 눈썹 꼬리의 위치는 눈꼬리와 콧방울을 45도 각도로 연결해서 만나는 지점이다.

눈썹 사이가 지저분하지 않도록 하며 눈썹과 눈썹 사이가 좁으면 눈썹털을 정리하면 부드러운 인상을 줄 수 있다. 눈썹 정리는 눈썹이 난 결대로 눈썹빗으로 빗어주고 눈썹 모양에 맞춰 눈썹 칼, 눈썹 가위, 족집게를 사용하여 눈썹의 길이와 숱을 정리해준다.

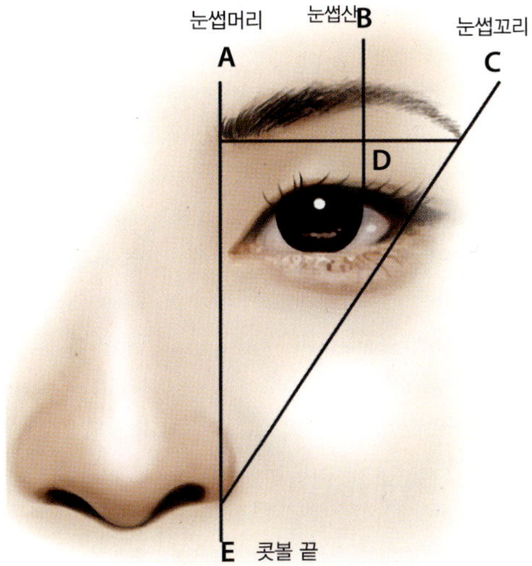

눈썹 위치와 명칭

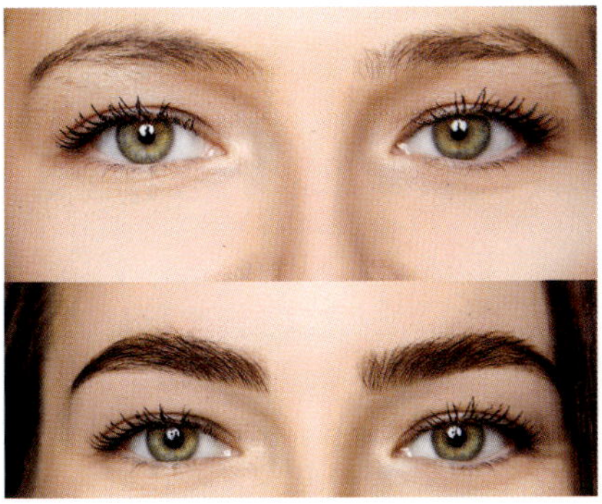

③ 눈

눈은 35 ~ 40세의 운기를 볼 수 있는 곳으로 눈의 크기가 크거나 작은 눈, 눈의 모양이 둥글거나 긴 눈, 눈꼬리가 올라간 눈이나 내려간 눈, 눈동자가 튀어나오거나 들어간 눈 등의 형태를 가지고 있다. 눈빛이 흐리면 생각이 너무 많거나 욕심이 너무 많은 사람으로 보인다. 눈화장에 따라 다른 이미지를 보여질 수 있다. 자신이 원하는 이미지를 보여줄 수 있도록 연출해야 한다.

• 아이섀도

아이섀도는 눈매를 수정 보완해주는 역할로서 눈에 색과 음영을 주어 입체감 있는 눈으로 표현해준다. 아이섀도 색상은 얼굴색이나 의복 색, 전체적인 메이크업 분위기에 맞게 자연스럽게 연출한다. 어둡거나 칙칙한 아이섀도 색상은 피하고 파스텔 톤이나 핑크, 오렌지, 골드색상이 행운을 깃들게 하는 색상이 될 수 있다. 아이섀도는 밝은 색에서 어두운 색으로 베이스 컬러, 메인컬러, 포인트 컬러, 언더 컬러를 선택하여 자연스럽게 그라데이션(gradation) 해준다.

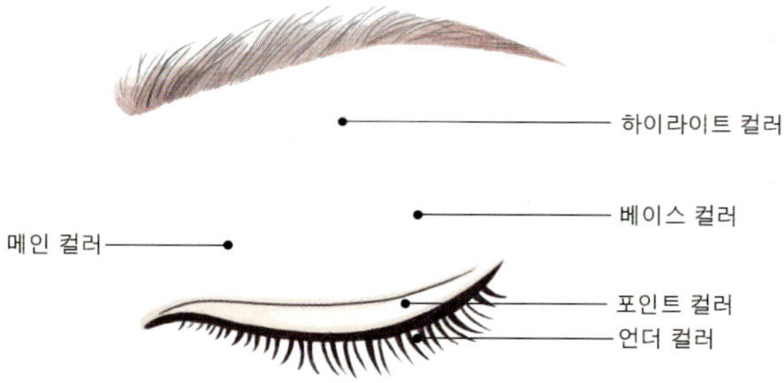

• 눈매에 따른 아이메이크업

- 큰 눈

순응적, 명랑함, 사교성으로 편안함을 주지만 의지력, 강인함이 부족하여 어리숙한 이미지를 준다. 짙은 색상의 아이섀도는 피하고 아이라인으로 눈을 조금 길게 그리도록 한다.

- 작은 눈

눈이 작으면 집중력, 관찰력이 강하고 의지가 강하지만 소극적이고 의심이 많은 성격이므로 눈을 크게 보이게 하는 것이 적극적이고 능력있어 보이게 한다. 두꺼운 아이라인과 짙은 아이섀도는 피하고, 전체적으로 반짝반짝 빛나보이게 밝은 메이크업으로 한다.

- 눈꼬리가 올라간 눈

눈꼬리가 올라간 눈은 차갑고 날카로워 보이므로 눈머리 쪽에 조금 진한 아이섀도를 바르고, 눈꼬리 쪽에 연한 색을 사용한다. 아이라인은 눈꼬리를 내려 그려야 부드럽게 보인다.

- 눈꼬리가 처진 눈

눈꼬리가 처진 눈은 우울해 보이므로 아이섀도와 아이라인으로 눈머리 쪽은 아주 연하게 바르고 눈꼬리는 아이섀도를 짙고 바르고 아이라인은 굵게 그려준다.

- 쌍커풀이 없는 홑꺼풀의 눈

아이라인으로 눈머리와 눈꼬리는 가늘게 그려주고, 눈 중앙은 둥글게 보이도록 두껍게 그려준다.

- 둥근 눈

눈매가 길어 보이도록 눈앞머리와 꼬리 쪽을 진한 색을 사용한다.

- 눈과 눈 사이가 가까운 형태

  답답하고 이해심이 부족해 보인다. 눈 앞머리를 밝은 색상의 아이섀도로 눈과 눈 사이의 간격이 여유있게 보이게 연출하고, 아이라인은 눈꼬리 쪽을 조금 강조해서 그린다.

- 눈과 눈 사이가 먼 형태

  순하고 의지가 약해 보인다. 아이섀도와 아이라인으로 눈머리를 진하게 그리고, 눈꼬리는 연하게 한다.

• 아이라인

아이라인은 눈매를 또렷하게 해주고, 눈의 형태를 수정 · 보완하는 역할과 눈의 크기를 달라보이게 한다. 아이라이너로 눈을 길고 눈 끝을 살짝 올려 그리면 상대방을 배려하는 생각이 깊은 눈으로 보일 수 있다.

아이라인은 라인의 두께와 길이를 고려하여 속눈썹 사이에 빈틈이 보이지 않게 아이라이너를 그려준다. 눈의 중앙에서 시작하여 눈앞머리 → 눈중앙 → 눈꼬리 방향으로 점막에 최대한 가깝게 그려준다.

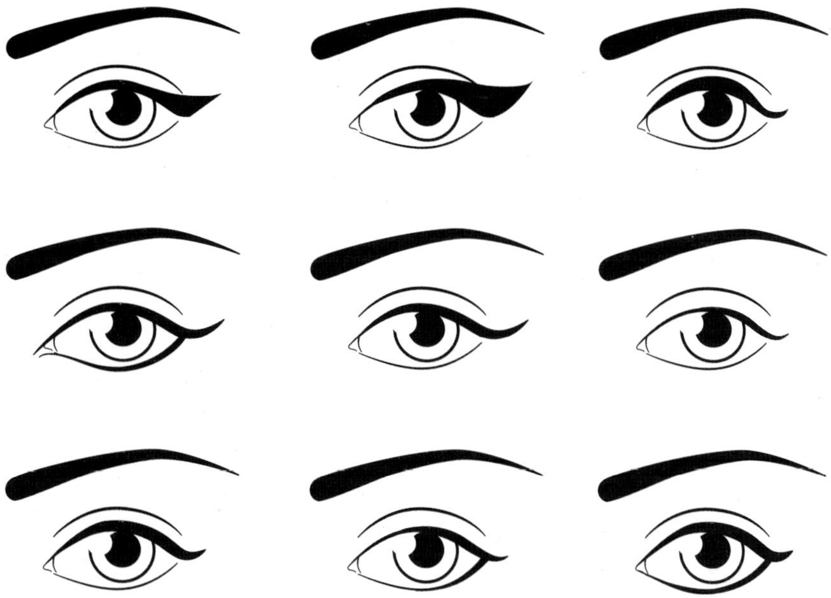

• 마스카라

마스카라는 눈에 깊이감을 주어 속눈썹을 풍성하고 짙게 표현해 주는 역할을 한다. 마스카라 사용법은 아이래시 컬러(뷰러)를 이용하여 눈썹뿌리쪽에서 눈썹 중간, 눈썹 끝에 걸쳐 3등분 정도 나누어 집어 준다. 마스카라 액을 조절하여 윗눈썹 위, 아랫부분을 속눈썹의 뿌리 부분에서 눈썹 끝부분을 향하여 속눈썹에 뭉치지 않게 발라준다. 아래 속눈썹은 마스카라를 세워서 좌우로 쓸어준다.

④ **코**

코는 41 ~ 50세의 운기를 볼 수 있는 곳으로 높거나 낮은 코, 코가 크거나 작은 코, 코의 넓이가 넓거나 좁은 코, 코의 길이가 길거나 짧은 코, 코끝의 모양이 둥글거나 뾰족한 코, 코끝이 처지거나 콧구멍이 들린 코의 형태를 가지고 있다.

코 높이는 광대뼈와 조화로워야 하며 코는 자신의 위상을 나타내는 에너지를 상징한다. 코는 재복과 생명력을 상징하는 부분으로서 콧방울을 조금 통통하게 보이도록 펄이 없는 하이라이터로 표현한다면 금전운을 부를 수 있다. 하이라이트는 코 길이가 긴 경우 콧등의 1/2선까지, 짧은 코의 경우 콧등의 2/3선까지 표현해준다. 큰 코는 콧방울에 셰이딩을, 작은 코는 콧등 전체에 하이라이트와 코벽을 셰이딩을 준다.

⑤ 관골

관골은 46 ~ 47세의 운기를 보는 곳으로 자존심, 인내력, 자기주장을 나타낸다. 코와 관골이 조화로우면 상대방을 배려하고 인복이 있다.

관골(광대뼈)이 옆으로 튀어나오거나 앞으로 튀어나온 관골, 관골이 높거나 낮고 처진 관골, 양쪽 관골이 좌우 비대칭인 모양, 관골이 살집이 좋거나 살집이 없는 관골의 형태를 가지고 있다. 광대뼈가 앞이나 옆으로 너무 튀어나와 있는 경우 치크를 사용하여 아주 세게 보이는 이미지를 보완해 준다. 또한 자주 웃어 관골로 근육이 올라가게 한다.

치크(블러셔)는 혈색을 주어 생기 있어 보이게 하며 얼굴에 입체감을 준다. 치크를 사용하는 형태와 색에 따라 다양한 이미지를 표현할 수 있다. 둥근 형태는 귀여운 이미지, 사선 형태는 지적인 이미지, 직선 형태는 활동적이고 젊은 이미지로 표현할 수 있다. 핑크 색은 여성스럽고 사랑스러운 이미지, 오렌지는 생동감 있는 이미지, 브라운은 세련되고 이지적인 이미지를 표현해 준다.

⑥ 입

입은 60세 전후의 운기를 나타내는 곳으로 입이 크거나 작은 입, 입의 모양이 튀어나오거나 들어간 입, 입술의 모양이 두텁거나 얇은 입술, 입술이 뒤집어지거나 아랫입술이 튀어나온 입술, 입꼬리가 일자형, 올라가거나 내려간 형태를 가지고 있다.

립스틱은 얼굴 전체의 포인트 역할을 하며, 색감을 주어 얼굴 전체에 생동감을 표현한다. 입은 복을 담는 그릇이며 입술은 욕망을 나타낸다. 입술이 얇은 사람은 욕망이 없어 보이고, 소심해 보이므로 입술 가운데 부분을 입술보다 약간 넓게 도톰하게 그려준다. 작은 입술은 입술 끝을 연장하여 길어 보이도록 연출하고, 크고 두꺼운 입술은 둔해 보이므로 입술라인을 약간 안쪽으로 그려준다. 입술이 처져있으면 입술 끝을 올리고, 아래 입술의 가운데 부분은 통통하게 그려준다. 또한 입술선의 윤곽을 뚜렷하게 하며 입의 크기가 균형이 맞도록 메이크업을 한다. 이상적인 입술은 위, 아래 입술이 통통하고, 입꼬리를 살짝 올라가게 그리면 매력적이고 행복한 기운이 전해진다.

립스틱 제형에 따라 매트타입, 촉촉한 글로시 타입, 립밤, 립글로스 등이 있다. 립스틱 색상은 핑크계열은 여성스럽고 귀여운 상냥한 이미지, 오렌지 계열은 발랄함과 활동적인 이미지, 레드 계열은 생동감과 화려한 이미지, 와인 계열은 정열적이고 매혹적인 이미지를 준다.

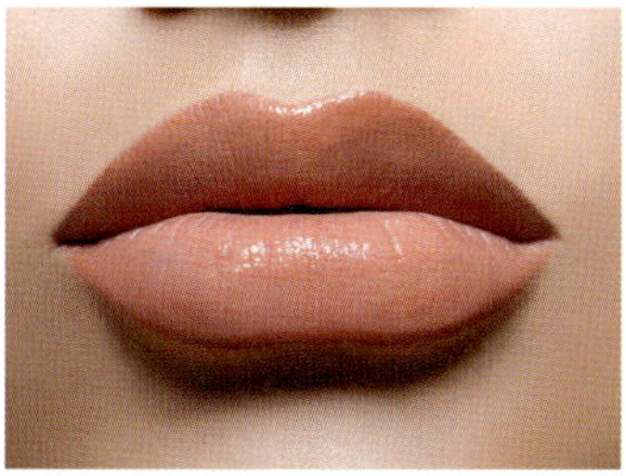

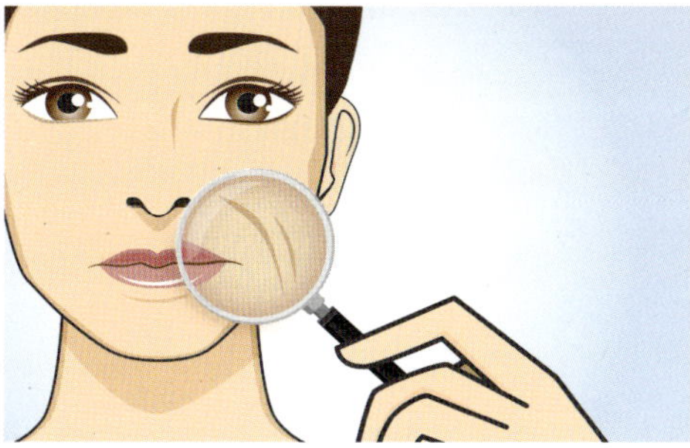
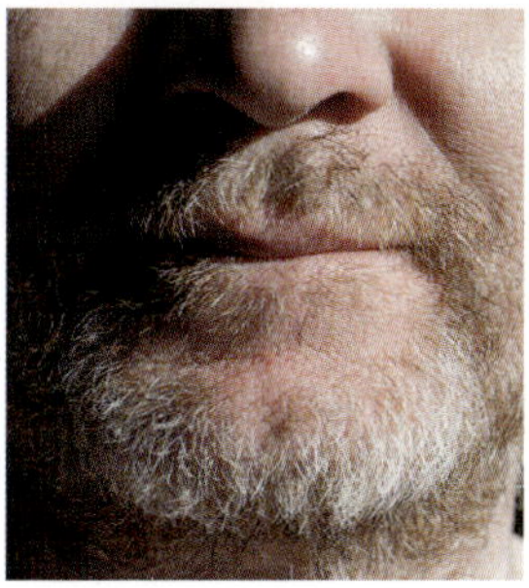
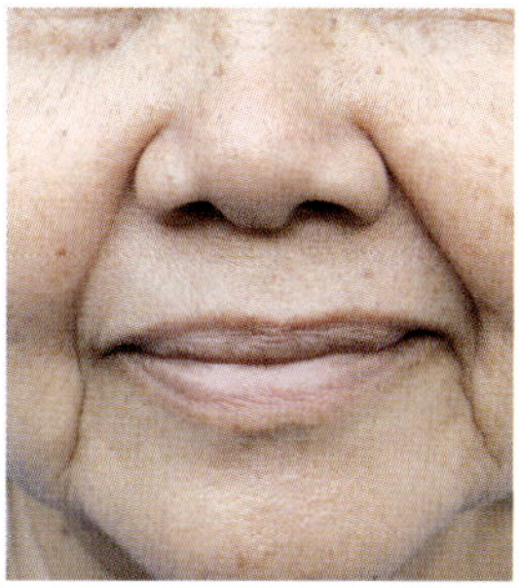

법령은 양쪽 콧방울에서 좌우로 흘러내려오는 선으로 '팔자 주름'이라고 불리며 나이가 들면서 생긴다. 입가의 법령이 뚜렷하거나 연해보이는 형태, 법령의 길이가 길거나 짧은 모양, 법령의 폭의 넓거나 좁은 모양, 갈라지거나 좌우 길이가 다른 법령, 이중 법령, 입으로 향한 법령의 모양을 가지고 있다. 법령선은 나이들어 보이므로 주름 부위에 컨실러와 하이라이트를 바른다.

⑦ 턱

턱은 60 ~ 80세의 운세는 보는 곳이며 아랫사람 복을 나타낸다.

턱의 형태는 턱 모양이 넓거나 작은 둥근 턱, 턱이 작고 좁은 턱, 각진 턱, 뾰족한 턱, 들어가거나 튀어나온 턱, 주걱턱, 무턱, 이중턱의 형태를 가지고 있다. 턱이 둥그스름한 모양으로 살이 적당히 있으면 아랫사람복이 있으며, 턱이 어둡게 보이면 노년운이 나빠진다. 턱 중앙을 밝게 보이도록 하이라이트를 바른다.

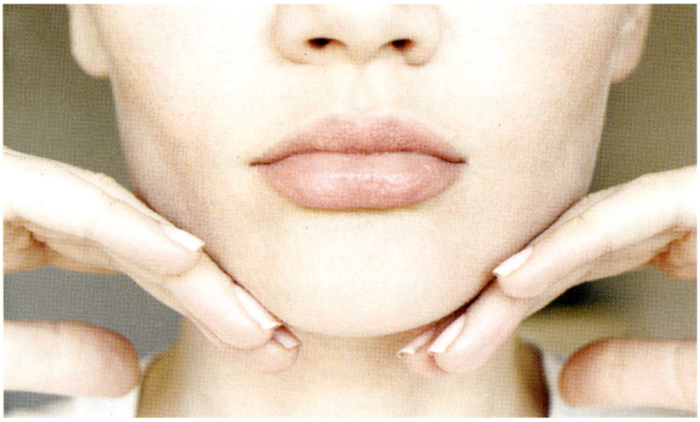

3) 얼굴형에 따른 메이크업

얼굴 형태는 얼굴의 크기, 모양 등을 관찰하는 법으로서 여러 가지 얼굴 유형으로 나누지만 여기서는 크게 7가지 유형으로 나누었다.

① 타원형(계란형)

타원형(계란형)은 명석하고 의지력이 강하며, 끈기가 있고 적극적이며 모험심이 있다. 반면 중심이 약하고 걱정과 생각이 많아 결정적일 때 판단력이 떨어지는 타입이다. 메이크업은 균형을 이루는 이상적인 얼굴형이므로 윤곽 수정 없이 셰이딩과 하이라이트로 입체감을 살려준다.

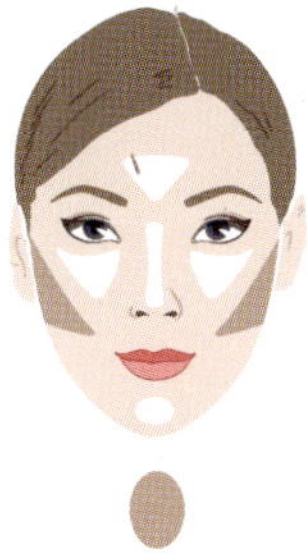

Oval

② 둥근형

둥근형은 얼굴이 전체적으로 둥글둥글한 얼굴형으로 긍정적이고 낙천적이며 대인관계가 뛰어나다. 하지만 순응적이고 즉흥적이며 급하고 계획성이 부족하다. 메이크업은 얼굴이 넓고 둥글게 보이지 않도록 얼굴 가장자리인 이마, 볼에서 턱선에 셰이딩을 주어 갸름하게 연출해준다. 이마와 코부분은 하이라이트를 넣어 입체감을 준다. 눈썹은 눈썹산을 각이 지게 각진형으로 그려주고, 치크는 길게 사선으로 바른다.

Round

③ 긴 형

긴형은 세로로 긴 얼굴형으로 실제 나이보다 성숙해 보이는 얼굴이다. 계획적이고 지적이고 섬세하며 끈기가 있고 침착하며 성실하지만 고집이 세고 융통성이 부족한 타입이다. 메이크업은 얼굴 길이가 길어보이지 않게 이마와 아래 턱에 셰이딩해 준다. 눈썹은 직선형(일자형)으로 그려주고, 치크는 볼뼈를 중심으로 넓게 가로로 바른다.

Oblong

④ **사각형**

사각형은 이마는 넓고 네모난 턱을 가진 얼굴형으로 계획적이고 완벽주의자이며 고집스럽고 강인한 인상을 주며 흑백논리가 뚜렷한 타입이다. 메이크업은 턱이 발달한 얼굴형이므로 계란형으로 보일 수 있게 이마, 볼, 턱선에 셰이딩을 준다. 눈썹 산은 곡선으로 아치형으로 그려주고, 치크는 약간 둥글고 넓게 발라준다.

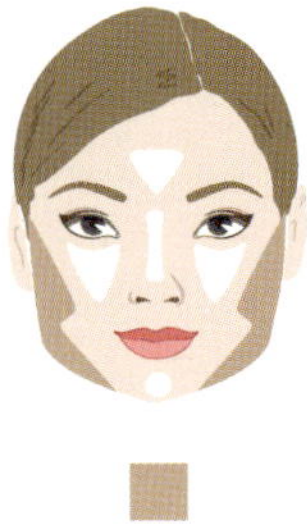

Square

⑤ **역삼각형**

역삼각형은 이마는 넓고 양 턱선은 좁은 얼굴형으로 섬세하고 디테일하며 신중하지만 걱정과 생각이 많고 날카로우며 비판적이다. 메이크업은 턱이 뾰족한 얼굴형으로 이마 양쪽 가장자리를 곡선으로 셰이딩을 주어 이마를 갸름하게 보이게 연출한다. 눈썹은 표준형이나 아치형으로 그려주고, 치크는 귀에서 입술 약간 위쪽으로 사선으로 바른다.

Inverted Triangle

⑥ 삼각형

삼각형은 이마는 좁고 볼살이 많거나 양쪽 하관이 발달하여 턱선이 넓은 얼굴형으로 자립심이 강하고, 활동적이고 행동중심적이며, 상냥하고 여유있는 이미지를 주는 얼굴이다. 메이크업은 이마 폭이 넓게 보이도록 하이라이트를 표현한다. 양쪽 턱은 볼에서 턱선까지 어둡게 셰이딩을 주어 턱선이 좁아 보이고 부드러워 보이도록 연출한다. 눈썹은 약간 짧은 상승형이나 각진형 눈썹으로 그려주고, 입술을 작게 그리면 턱 부분이 더 넓어 보이므로 피한다. 치크는 귀부분은 둥글게 표현하고 광대뼈주변은 턱끝을 향해 넓게 바른다.

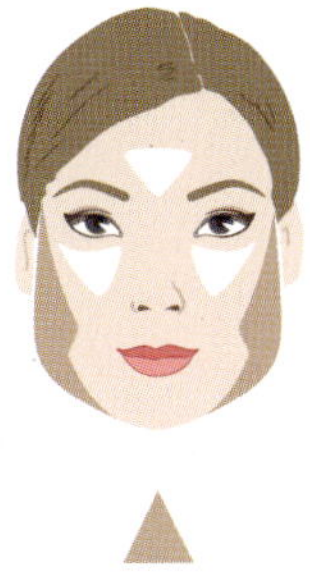

Triangle

⑦ 마름모형(다이아몬드형)

마름모형(다이아몬드형)은 이마는 좁고 광대뼈는 높고 턱은 뾰족한 얼굴형으로 완벽을 추구하고 차분하며 계획적이고 책임감이 뛰어나다. 반면 날카로워 보이며 냉담하고 비판적이며 자기 생각을 고집한다. 자존심이 센 것이 드러나는 얼굴이다. 메이크업은 광대뼈가 돌출되어 보이는 얼굴형으로 볼 가장자리, 턱끝에 셰이딩을 주어 계란형으로 보일 수 있도록 연출한다. 눈썹산은 부드러운 곡선으로 표현하거나 표준형 눈썹으로 그려준다. 치크는 볼뼈를 중심으로 부드러운 느낌이 들도록 바른다.

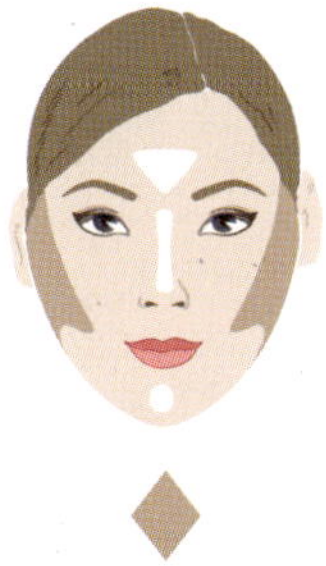

Diamond

8. 스타일리시한 헤어스타일

헤어스타일은 자신을 표현할 수 있는 부분으로 헤어스타일의 변화는 외모에서 가장 먼저 변화했음을 알 수 있다. 머리부터 발끝까지 목적에 맞춰서 통일하여 이미지를 연출하면 상대에게 강한 어필을 할 수 있다. 또한 머리카락이 윤기가 흐르고 탄력이 있으면 적극성과 능동성을 선사한다.

1) 여성의 헤어스타일

앞머리는 눈을 가리지 않는 것이 좋으며, 긴 머리는 뒤로 묶어 깔끔하게 보이도록 한다. 지나친 파마나 염색, 화려한 머리 장식 등은 피하도록 한다.

① **얼굴형에 따른 헤어스타일 연출법**

• 계란형

어떠한 헤어스타일도 잘 어울리는 얼굴형이다. 얼굴 윤곽을 잘 살리고 체형을 고려하여 자연스럽게 연출해준다.

• 둥근형

얼굴이 전체적으로 길이감 있게 보이도록 머리 윗부분은 볼륨을 준다. 앞머리는 내리지 않도록 하며 옆가르마를 한다. 옆머리는 볼 부분을 얼굴이 가름해 보이도록 길게 내려준다.

• 긴 형

긴 얼굴에는 앞머리를 볼륨감을 주어 내리며 양옆은 볼륨을 준다. 머리 윗부분에 볼륨을 주면 얼굴이 길어 보일 수 있으므로 피하는 것이 좋다. 머리 길이는 어깨를 덮는 긴 스타일보다는 턱선이 넓어보이게 짧은 단발 정도의 헤어스타일로 연출한다.

• 사각형

각진 얼굴이 부드러워 보일 수 있도록 앞이마를 약간 드러낸다. 얼굴의 옆 폭을 좁아 보이도록 머리끝에 가볍고 부드러운 컬이나 웨이브로 연출해 주고, 머리 길이는 턱 부분 아래로 내려오는 것이 좋다. 짧은 머리는 피하는 것이 좋다.

• 역삼각형

짧은 머리는 턱선이 강조되어 보일 수 있으므로 피하는 것이 좋으며, 긴머리 웨이브 헤어스타일이 좋다. 앞머리는 앞가르마로 양쪽 이마를 자연스럽게 가려주는 스타일로 연출해주며, 머리 길이는 턱이나 어깨까지 내려오는 길이가 좋다.

• 삼각형

앞머리에 볼륨을 주거나 양 옆으로 내려 좁은 이마를 넓게 보이게 연출해 준다. 턱부분에 넓은 사이드볼륨을 주거나 볼을 감싸고 턱선 방향으로 안말음하면 턱선이 갸름하게 보이고 얼굴을 밝고 가볍게 보이게 한다. 턱선까지 오는 길이는 피하며, 짧은 머리스타일이나 목선까지의 길이가 좋다.

• 마름모형

이마와 턱 부분이 넓게 보이도록 전체적으로 머리를 풍성하게 볼륨을 준다. 앞이마보다는 양쪽 이마 부분을 살짝 살려서 부드러운 이미지로 연출해 주며, 턱 부분은 바깥쪽으로 향한 컬로 연출해준다.

② 목의 굵기와 길이에 따른 헤어스타일

• 짧은 목

짧은 목의 헤어스타일은 머리 앞, 뒤 부분에 볼륨을 많이 주어 목이 길어보이게 연출한다.

• 긴 목

긴 목의 길이가 드러나 보이지 않게 목의 뒷부분과 귀 밑부분에서 길이와 무게감 있는 볼륨을 연출한다.

• 굵은 목

목이 가늘어 보이도록 머리 앞, 뒤 부분에 풍성한 볼륨을 연출한다.

• 가는 목
가는 목은 머리 뒷부분을 풍성한 볼륨감으로 둥글게 만들어 목선과 조화가 되도록 연출해 준다.

③ **체형에 따른 헤어스타일**

• 작은 키
목선이 드러난 쇼트커트 헤어스타일이 좋다. 머리 윗부분에 볼륨을 주어 키가 커 보이게 연출하고 웨이브는 너무 강하지 않도록 한다.

• 큰 키
어떠한 헤어스타일도 잘 어울리며 특히 롱 헤어스타일이 잘 어울린다. 목선이 보이는 짧은 커트, 아주 긴 생머리는 키를 더 커보이게 한다.

• 뚱뚱한 체형
긴 머리스타일과 강한 웨이브가 있는 헤어스타일은 답답해 보일 수 있으므로 피하는 것이 좋다.

• 마른 체형
긴 머리, 생머리는 몸을 더 말라보이게 한다. 굵은 웨이브로 풍성하게 연출해 준다.

④ **머릿결에 어울리는 헤어스타일**

• 굵은 모발
샤기 스타일이나 레이어 스타일로 머리 끝부분을 가볍게 연출한다. 또는 보브 스타일로 볼륨을 살려준다. 머릿결이 가벼워 보이게 밝은 헤어컬러로 연출한다.

• 얇은 모발
웨이브로 모발에 볼륨감을 준다. 또한 드라이어를 사용하여 레이어 스타일로 머리카락에 볼륨을 준다. 볼륨 매직스트레이트로 모발을 풍성하게 연출해 준다.

• 곱슬머리
매직 스트레이트, 볼륨 매직 스트레이트로 자연스러운 볼륨감을 연출한다.

⑤ 헤어케어

- 머리카락의 구조는 모수질, 모피질(머리의 두께와 유연성), 모표피(머리카락의 감촉과 광택)로 3개의 층으로 구성되어 있다.
- 모발 손상은 자외선, 염색이나 파마의 반복, 과다한 드라이어 사용 등의 원인이다.
- 손상된 모발은 윤기도 없고 푸석푸석해지며 건조해진다.
- 땀, 피지, 먼지, 노폐물 등을 제거하여 청결하게 유지하도록 한다.
- 산성샴푸, 헤어 팩, 트리트먼트를 사용하여 두피와 두발에 유분과 수분을 통해 영양분을 공급해 준다.
- 샴푸 전에 브러싱을 하여 모근을 자극하여 모발 성장을 촉진시킨다.
- 샴푸는 거품이 나도록 하여 두피 사이사이를 문질러 준다.
- 샴푸가 남지 않도록 깨끗이 꼼꼼하게 헹구어 준다.
- 드라이기로 모발을 완전히 말려준다. 젖은 모발을 방치하면 세균번식, 비듬, 가려움 등의 원인이 된다.
- 두피 마사지를 통해 모근을 자극시켜 혈액순환을 해준다.(이마에서 정수리 방향으로 두피 전체를 손가락 끝으로 가볍게 누르면서 주무른다.)

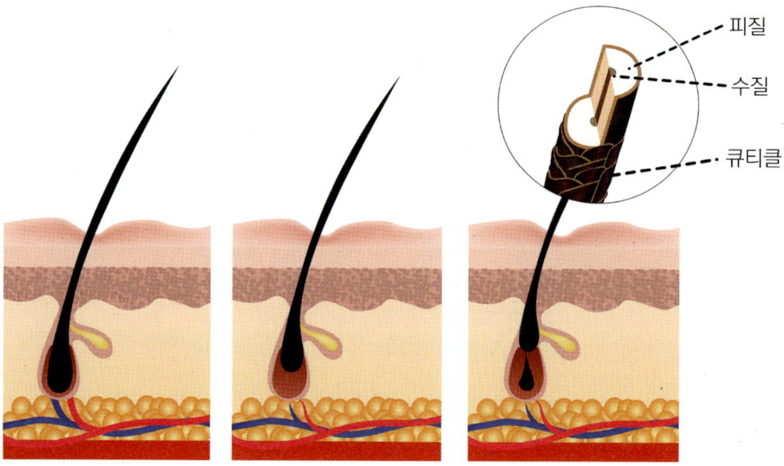

2) 남성의 헤어스타일

남성들도 이제는 여성 못지 않게 주기적으로 헤어스타일을 바꾸기도 한다. 앞머리, 뒷머리를 세우거나 길러보기도 하고 구레나룻도 가꾼다. 헤어스타일은 그 사람의 이미지를 결정짓는 요소이다. 머리를 잘 다듬고 다양한 형태를 통해 자신의 모습을 돋보이게 하고, 자신의 이미지에 맞고 상대에게 부드럽고 긍정적인 이미지로 보이도록 연출해본다.

남성의 헤어스타일은 컷을 어떻게 하느냐에 따라 스타일이 달라진다.

짧은 머리는 시원해 보이며, 긴 편이면 부드러운 느낌을 준다. 작고 강한 웨이브 스타일은 강한 이미지를 주고, 굵고 약한 웨이브 스타일은 부드러운 느낌을 준다. 앞머리만 살짝 웨이브를 넣어주면 밋밋한 얼굴에 생동감을 줄 수 있다.

헤어스타일을 통해 내면을 진작해 볼 수도 있다. 자신의 얼굴 이미지를 온화하고 부드럽게 하고 싶다면 짧은 스포츠머리는 피하는 것이 좋다. 단발머리에 파마로 웨이브를 한 로맨틱한 스타일은 얼굴형이 작고 이목구비가 뚜렷한 사람에게 잘 어울린다. 반 곱슬머리, 숱이 많은 머리는 무거워 보이는 스타일로서 좀 더 부드럽게 보이게 하기 위해 부드러운 웨이브로 연출해줄 수 있다. 머리가 큰 경우에는 파마나 장발은 피하고 짧은 헤어스타일로 연출하는 것이 좋다. 짧은 헤어스타일은 얼굴 크기를 상대적으로 작게 보이게 하는 효과를 준다.

헤어스타일링

- 헤어제품은 모발 보호와 스타일 고정을 기준으로 선택한다.
- 왁스, 젤, 헤어스프레이 제품을 선택한다.
- 헤어제품은 처음부터 너무 많은 양을 사용하지 않도록 한다.
- 조금씩 여러 번 머리모양을 잡아 준다.
- 헤어제품을 손에 덜어 주먹을 쥐었다 폈다 반복하거나 깍지를 껴서 모발 사이를 쓸어준다.
- 헤어제품을 엄지와 검지에 발라 한 방향으로 잡아당기며 마무리 한다.

① 스타일에 따른 이미지

헤어스타일을 자주 바꾸면 강한 인상을 남기기 어렵고 불안정한 사람으로 보인다.

헤어스타일은 유행에 민감하지 않게 자연스러워야 한다.

지나치게 유행을 따르는 헤어스타일이나 튀는 염색은 하지 않도록 한다.

앞머리로 이마를 가리거나 옆머리가 귀를 덮지 않도록 하며, 구레나룻은 길지 않게 손질하며 헤어 제품은 과하게 사용하지 않도록 한다.

• 카리스마 스타일

앞머리는 세워서 이마가 보이도록 하고 헤어제품인 왁스, 젤을 사용하여 시크하고 도시적인 이미지를 연출할 수 있다. 카리스마 스타일은 명확하고 깔끔하게 일 처리를 할 것 같은 느낌을 주어 일반적인 비즈니스 하는 사람에게 어울린다.

• 부드러운 스타일

롱 샤기컷으로 젊고 동안의 이미지를 연출할 수 있다. 세미 정장이나 세미 캐주얼을 입는 사람에게 어울리는 스타일이다.

• 푸근한 스타일

소박하고 내추럴한 편안한 이미지를 연출할 수 있다. 헤어제품인 왁스, 젤을 사용하지 않는 스타일로 비즈니스하는 사람에게는 깔끔한 이미지를 주지 않는다.

② 얼굴형에 따른 헤어스타일 연출법

• 둥근형

앞머리는 내리지 않고 머리 윗부분에 볼륨을 줘서 세로의 길이감을 주는 헤어스타일을 연출해 준다. 옆머리는 얼굴이 갸름하게 보이도록 볼륨감 없도록 귀 뒤로 붙여준다.

• 긴 형

얼굴 가로 폭이 넓어 보이는 스타일로 연출해 준다. 정수리 부분은 낮게 하고, 앞머리는 옆으로 빗어 주며, 이마 아래로 머리카락을 살짝 내려준다. 옆머리는 볼륨을 주어 옆으로 빗어준다.

• 사각형

각진 얼굴이 부드러워 보일 수 있도록 앞이마는 드러낸다. 얼굴의 옆 폭을 좁아 보이도록 가벼운 레이어드 컬로 연출해 준다. 머리 길이는 턱 부분 아래로 내려오는 것이 좋다. 너무 짧은 커트는 인상이 더 강해보이므로 피하는 것이 좋다.

• 역삼각형

날카로워 보이지 않도록 부드러운 이미지로 연출해준다. 윗머리를 풍성하게 하거나 이마를 드러내면 두상이 커 보인다. 이마를 많이 가리면 턱선이 강조되어 보일 수 있으므로 피하는 것이 좋다. 앞머리를 약간 층을 내어 앞으로 내려주고, 옆머리는 너무 짧게 자르지 않도록 하여 자연스럽게 연출해준다.

Image Strategy

2

리더의 컬러 경영

1. 색이 주는 이미지
2. 퍼스널 컬러를 통한 세련된 이미지 연출법
3. 컬러 이미지 배색기법

1. 색이 주는 이미지

1) 색의 3속성

① **색상**(Hue)

색이란 빛에서 출발하며, 빛의 원리에 따라 반사, 흡수의 작용을 갖는다. 심리의 색을 갖기도 해서 색은 합리적인 세계이며 동시에 비합리적인 세계이기도 하다. 과학적인 이성에 의하기도 하며 비과학적인 감성과 심리에 의하기도 한다.

색상이란 빨강, 파랑, 노랑, 초록 등의 색을 말한다. 우리가 세상을 볼 때 가장 먼저 들어오는 것이 바로 색상이다. 여러 학자들은 자신들만의 색체계를 연구하고 구성했는데 색상환은 색의 변화를 계통적으로 표시하기 위해서 색표를 둥근 모양으로 배열한 것으로 이 색상환을 잘 기억하는 것이 색을 잘 알기 위한 첫걸음이다. 색채 감각은 타고나는 것이지만 사람들은 성장하면서 다양한 경험을 바탕으로 색을 자연스럽게 습득하고 있다. 하지만 성격이 굳어지면서 대부분 사람들의 옷장에는 검은색 옷이 절반일 것이다. 다양한 이미지를 나타내고 싶다면 어렸을 적 물감을 처음 스케치북에 칠해본 그 설렘으로 다양한 색을 받아들일 준비가 필요하다.

② **명도**(Value)

명도란 색의 밝거나 어두움의 정도를 나타낸 것을 말한다. 명도가 높으면 흰색에 가까운 밝은 색이 되고, 명도가 낮으면 검은색에 가까운 어두운 색이 된다. 우리의 옷장에 가장 많이 보이는 색은 밝고 어두운 회색 단계가 대부분일 것이다. 실망하지 않아도 되는 것이 오히려 이런 베이스 명도를 중심으로 색상을 배색하는 방법은 가장 안정적이면서도 과감한 컬러와 배색이 가능하다. 명도에서 중요한 것은 어느 정도 밝고 어두운 단계인지를 파악하는 것이다. 명도 차이가 클수록 명확하고 또렷한 효과가 있고 반대로 명도 차이가 작을수록 차분하고 안정적인 이미지를 나타낼 수 있다. 한 가지 색에 명도 변화만 잘 주어도 옷 잘 입는다는 소리를 들을 수 있다.

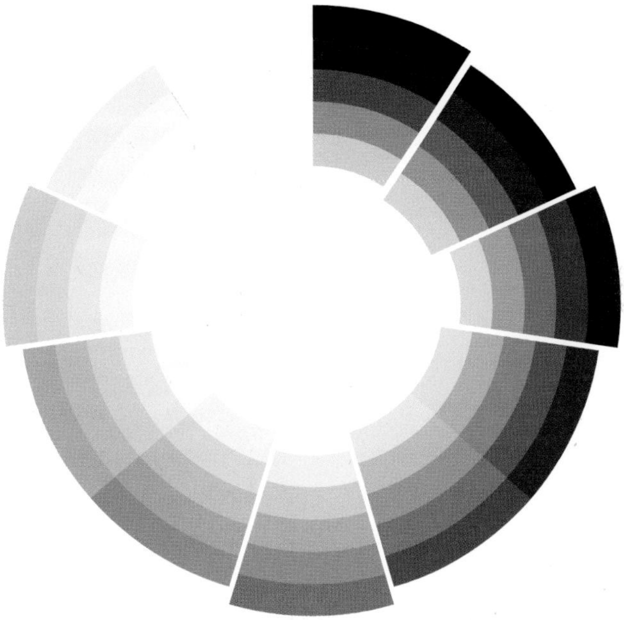

③ **채도**(Chroma)

채도란 색의 선명함과 흐림을 말한다. 채도가 높으면 선명한 색이 되고 채도가 낮으면 흐리고 탁한 색이 된다. 채도는 명도와 복합적인 개념으로 밝은 파스텔 톤도 채도가 낮은 것이고 어두운 다크 톤도 선명함을 잃었기 때문에 채도가 낮다고 한다. 채도를 파악하는 것은 색의 스펙트럼을 더욱 풍부하게 늘리는 것이다. 우리가 옷을 입을 때 자주 실패하는 소위 '깔 맞춤'은 이 채도의 개념을 몰라서 실패하는 경우가 많다.

2) 유채색(Colored Color)

① 빨강(Red)

"빨강(다홍)은 우리가 가진 색 가운데 첫째 가는 색으로,
가장 고귀하고 중요한 색입니다."

- 15세기 피렌체 염색 업자의 매뉴얼 中

빨강의 역사는 가장 오래되었고 그 이미지는 매우 강렬하다. 색채 심리학에서 빨강은 열정, 용기, 강렬함, 기쁨, 불, 태양, 피 등을 상징한다. 빨강은 동서양을 막론하고 첫 번째를 상징하는 색으로 항상 빨간색이 제일 먼저 시작한다. 과학적으로도 가시광선을 구성하는 색 중에서 파장의 길이는 약 625 ~ 750nm로 가장 길며, 빨강은 녹색, 노랑과 함께 시인성이 높은 색으로 인간의 시각이 세 가지 색에 더 잘 반응한다.

붉은 염료는 고귀한 색으로 왕과 귀족들의 색이었다. 한국에서는 왕의 곤룡포에 사용되었고 서양에서는 대표적으로 엘리자베스 1세는 자신과 자신의 시종들 모두에게 빨간색 옷을 입혀서 자신의 위엄을 과시했다. '순교자의 피' 상징으로 가톨릭 성직자들의 복식에 사용되어 엄중한 책임감을 나타내기도 했다. 또한 빨간색은 혁명의 상징으로 쓰이기도 하는 색이다. 피와 결부되어 폭력과 잔인의 상징으로 쓰이기도 하면서 피나 심장과 결부되어 생명, 정열, 사랑, 관능, 퇴폐미의 상징으로 쓰이기도 한다.

빨강을 선호하는 사람은 적극적이고 활동적이며 외향적인 사람이 좋아하는 경향이 있다. 리더십을 요구받을 때나 커다란 결단에 용기가 나지 않을 때, 기운이 없을 때 힘을 주는 색으로 빨강을 사용해보자.

② **주황**(Yellow Red)

"주황은 태양의 색이다. 그것은 타인에 대한 배려와 사려 깊음을 나타내는, 일반적으로 생명력 넘치고 좋은 색이다."

– 에드거 케이시(Edgar Cayce)

주황은 오렌지(Orange) 색이라고도 하며 오렌지 과일처럼 상큼하고 통통 튀는 느낌을 준다. 색채 심리학에서 주황은 따뜻함과 활동성, 즐거움, 유쾌함, 활력, 화려함 등을 상징한다. 따스한 태양의 이미지로 활력을 불러일으키고 온몸을 따뜻하게 하는 온화함의 생명력을 가지고 있다.

주황은 역사적으로 긍정적인 이미지와 부정적인 이미지가 혼합된 아주 복잡한 색이었다. 그리스 로마 신화에서 술의 신 디오니소스가 입은 옷의 색이 주황색으로 광기, 축제, 황홀경, 다산, 풍요의 신이라는 명성과 걸맞은 색이라고 볼 수 있다. 불교에서는 샤프란(주황)이 '최고의 완벽한 상태를 뜻하는 색'으로 승려들의 옷을 샤프란으로 물들이기도 했다. 인도를 대표하는 샤프란은 최고급 향신료지만 사람들에게 좋은 일을 주지는 않았다. '주황색은 향신료처럼 사용해라.'라는 말도 샤프란을 가르쳐 나온 말일 수 있다. 네덜란드에서는 황실과 축구대표팀의 상징색으로 주황색을 사용한다. 명품 브랜드 에르메스도 주황색을 상징색으로 사용하는데 위치가 애매했던 주황색의 지위가 고급스러운 하이패션으로 변화하게 된 계기가 아닐까 생각된다. 주황색의 복잡한 역사를 정리해보면 마치 불과 같다고 볼 수 있다. 불은 인류에게 커다란 행복과 발전을 주었지만, 그 황홀감에 취하다 보면 우리를 집어삼킬 수 있는 무서운 존재라는 점이다.

주황은 동기부여를 하고 싶을 때나, 사람들의 이목을 모으고 친밀감을 느끼게 하는 활동적인 색이다. 매사에 열의를 보여주는 사교적인 이미지와 창조적인 이미지를 나타내고 싶다면 주황을 사용해보자.

③ 노랑(Yellow)

"태양을 노란색 점으로 바꾸는 화가가 있는가 하면 지적 능력과 예술성을 발휘해 노란색 점을 태양으로 변모시키는 화가도 있다."

– 파블로 피카소(Pablo Picasso)

색채학에서 노란색은 정신적이고 지적인 색(The Mind and Intellect)다. 노란색은 자존감이 떨어진 사람들에게 자신감을 가지게 하는 색이며, 두뇌 활동을 자극해 창의력과 사고력을 키우는 데에도 효과적인 색이다. 스펙트럼에서 가장 높은 색조(Chroma)를 띠고 있는 색으로, 노란색은 좌뇌를 자극해 학문 연구나 지적 학습의 개발과 기억력 강화를 위해 도움을 줄 수 있다. 그러나 인간은 유전자에 노란색에 대한 본능적인 경계 반응을 가지고 태어나 스트레스를 증가시킬 수 있다고 한다. 노랑은 심리적으로 자신감과 낙천적인 태도를 갖게 하며, 새로운 아이디어를 얻도록 도움을 주는 색채로 희망과 행복, 기분 좋음, 즐거움의 색이다.

노랑은 문화에 따라 아주 다양한 의미를 가지고 있다. 동양의 오방색에서 중앙을 상징하는 색은 황색으로 중국에서는 황제의 색이었다. 일본에서는 용기를 의미하며, 이집트에서는 신의 피부를 황금색으로 여겼고, 인도에서는 무역상인을 의미한다. 진한 노랑의 금속광택이 도는 황금색은 황금, 돈 등을 상징하여 부와 권위, 풍요로움을 나타내기도 한다.

새로운 아이디어가 필요할 때, 지치고 피로할 때 상큼한 비타민처럼 활력을 불어넣는 노란색을 사용해보자.

④ **초록**(Green)

"녹색은 침묵이었다. 빛은 촉촉하게 젖었고,
6월은 나비처럼 파르르 떨렸다."

– 파블로 네루다(Pablo Neruda)

초록은 자연의 색으로 안정과 휴식의 색이다. 또한, 낮은 파장을 지녀 편안한 경험을 전달해 집중력을 향상시킨다. 자극적이고 명시성이 높은 빨강이나 노란색은 단기적인 효과에 효율적이라면 초록색은 장기적인 관점에서 선명한 집중력을 유지하도록 돕는 효과가 있다. 뇌의 흥분을 진정시키고 피곤한 눈이나 몸을 쉬게 해주는 효과로 휴식을 취하는 공간에도 좋다.

회복과 자연의 색인 초록색은 아이러니하게도 인류 역사에서 가장 잔인한 색이었다. 이집트 벽화에서 공작석을 이용해 색을 나타난 것에서 시작해서 1775년 스웨덴의 화학자 칼 빌렘 쉬르(Carl Wilhelm Scheele)에 의해 발명된 실즈 그린(Scheele's Green)으로 선풍적인 인기를 끌게 되었다. 그런데 이 실즈 그린은 비소를 다량 함유하고 있어 많은 사람들이 피부염을 앓거나 죽음에 이르게 되었다. 비슷한 시기에 만들어진 패리스 그린(Paris Green), 에메랄드 그린(Emerald Green)도 독성을 갖기는 마찬가지였다. 최근에는 이런 독성이 없는 염료가 발명되어 사용되고 있지만 이런 역사 때문인지 애니메이션이나 영화에서는 아직도 악역, 독 등 위험한 것은 초록색으로 표현하는 경향이 있다.

색채 심리학에서는 지성, 균형, 휴식, 복원, 안심, 안전, 평화를 상징한다. 초록을 선호하는 사람은 협력과 감각에 뛰어난 노력가로 사람이 많고 온화하고 마음이 상냥하며 솔직한 면을 가지고 있다. 조화롭고 안정적인 삶을 선호하며 정적인 사람이 많으며 강한 소유욕과 고집, 확고한 신념이 강한 추진력의 소유자로서 인내심, 근면함을 초록으로 나타내 보자.

⑤ **파랑**(Blue)

"ceci est la coleur de mes reves.(내 꿈속의 색)"

- 호안 미로(Joan Miro)

자연에서 쉽게 찾아볼 수 있는 파랑은 하늘이나 바다를 연상시켜 시원한, 청량감, 휴식, 휴가의 이미지를 떠올릴 수 있다. 파란색은 자율 신경계 안에서도 부교감 신경계에 작용하기 때문에 안정이 필요하거나, 집중력을 높여야 하는 사무실이나 공부방 등의 인테리어에 사용하면 효과적이다. 색채 심리학에서 파랑은 젊음, 희망, 정화, 치유, 해방감, 자립의 의미를 가지고 있다. 새로운 출발을 나타낼 때 파란색은 기존의 이미지에서 새로운 이미지로 바꾸어 새로운 나, 희망, 내적 성장을 의미한다. 그래서 인지 파랑은 전 세계적으로 선호도 1위라는 통계도 가지고 있다.

신비한 카리스마를 주는 클레오파트라의 파란색 눈 화장으로부터 파란색은 시작되었다고 할 수 있다. 이집션 블루(Egyptian Blue)는 최초의 인공 안료로 그림, 화장품뿐만 아니라 조각상이나 목걸이 등 다양하게 쓰였다. 파란색이 자주 쓰이게 된 건 11세기나 되어서다. 그리스와 로마에서는 야만인의 색으로 여겨져 인기가 없었으나 신학자들이 신들의 빛을 파란색으로 여기며 파란색은 성모 마리아의 의상과 교회의 벽화, 스테인드글라스에 표현될 정도로 각광 받게 되었다. 이와는 반대로 괴테의 젊은 베르테르의 슬픔에서 주인공 베르테르가 걸쳤던 파란색 코트, 고흐와 피카소가 가장 힘들었던 시기의 푸른색 작품, 흑인들의 눈물의 상징인 영어 단어 'Blue' 등은 우울을 상징하기도 한다.

파란색을 선호하는 사람은 객관적으로 어떤 일을 냉정하게 판단하는 자제심을 겸비하고 있어 신뢰를 나타내는 색이므로 비즈니스에서 적극적으로 활용하면 좋다. 사려깊고 이지적이며 정직함을 나타내고 싶다면 파란색을 사용해보자.

⑥ **남색**(Purple Blue)

"청바지는 패션의 민주화를 상징한다."

– 조르조 아르마니(Giorgio Armani)

남색은 파란색과 보라색의 중간색을 뜻하며, 명도는 기본색 중에 가장 어둡다. 남색은 동양에서 '쪽'이라는 식물에서 추출한 천연 안료로 예로부터 쓰였기 때문에 우리에게 익숙한 색이다.

심리학에서 남색은 정리, 분석, 판단, 계획적, 이론적, 지성, 세련의 긍정적 의미와 완벽주의 강박, 독선, 갈등, 권위주의, 현실도피, 내부 대립의 부정적인 의미를 가지고 있다. 명도가 낮아서 그런지 남색은 보수적이면서 무겁고 딱딱한 이미지를 준다.

약 1580년경, 인디고 색소 염료의 처음 사용은 고대 이집트에서, 미라의 붕대 염색에 사용되었는데 복잡한 추출 과정으로 인해, 왕인 파라오에게만 사용되었다. 1883년 아돌프 폰 바이어(Johann Friedrich Wilhelm Adolf von. Baeyer)가 '쪽'에서 남색의 화학 구조를 밝혀내 인공 염료로서 대중화되었다. 이 인디고 염료의 발명으로 청바지는 현대에도 가장 사랑받는 대중적인 의상이 되었다. 한때 고급스러움에서 인디고는 청바지를 통해 작업복으로서 불후의 전통을 세웠다. 청바지는 1960년대부터 옷장의 필수 아이템으로 자리 잡았고 고급스러운 하이 패션계와 패스트 패션계의 사랑을 받고 있다.

남색을 좋아하는 사람은 권위주의적이고 보수적인 완벽주의자로 깊은 생각과 진중함을 가지고 있다. 명예를 중요시하는 보수적인 성향으로 모두에게 인정받기를 원한다면 남색을 사용해보자.

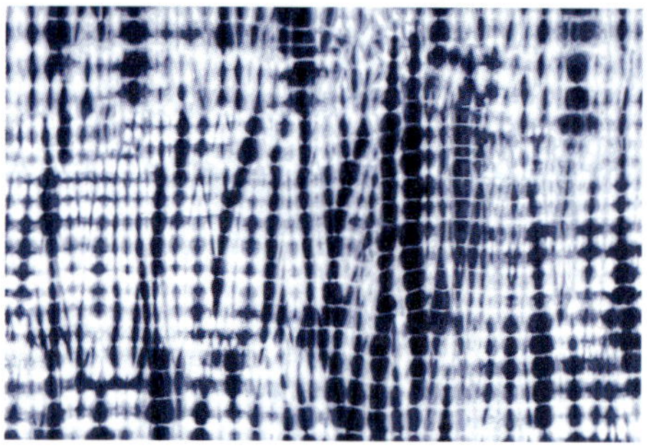

⑦ 보라(Purple)

"나는 마침내 대기의 진정한 색을 발견했다. 그것은 보라색이다.
신성한 공기는 보라색이다. 앞으로 3년 뒤에는 모두가 보라색으로 작업할 것이다."

– 클로드 모네(Claude Monet)

자연에서 보라색은 라벤더나, 포도처럼 그 계절에 잠깐 만날 수 있었던 접하기 힘든 귀한 색이었다. 색채 심리학에서 보라는 신비스러움, 고귀함, 화려함, 초자아, 창조, 강력함, 황제, 희망을 의미한다. 외향적 심리를 나타내는 빨강과 구심적 심리를 나타내는 파랑이 혼합된 색으로, 대립하는 양면성의 감정이 혼재하는 심리를 나타내는 색이기도 했다. 색상 자체만으로 고고함, 세련됨 등의 이미지를 주며 이로 인해 귀부인과 귀족들의 옷에 자주 사용되었다.

고대 벽화에서도 발견된 티리안 퍼플(Tyrian Purple)은 퍼퓨라(Purpura)라는 조개에서 추출한 것으로 퍼퓨라가 많이 서식한 지중해 지방을 중심으로 유행하기 시작했다. 당시 직물 1제곱 미터를 염색하려면 2만여 개의 조개가 필요했기 때문에 왕과 귀족만이 사용할 수 있는 색이었다. 19세기가 되면서 영국의 화학과 학생 윌리엄 헨리 퍼킨(William Henry Perkin)은 실험 중 우연한 실수로 보라색 물질 모브(Mauve)를 발견했다. 이후 서민들도 보라색을 입을 수 있게 되었고 그 인기 또한 높아졌다.

보라색을 선호하는 사람은 정열의 빨강과 고독의 파랑으로 만들어진 탓인지 정서불안, 질투나 우울 등의 감정을 보이지만 감수성이 풍부하고 미적 센스가 뛰어난 사람이 많다. 남들과 다른 차별성을 나타내고 싶다면 보라를 사용해보자.

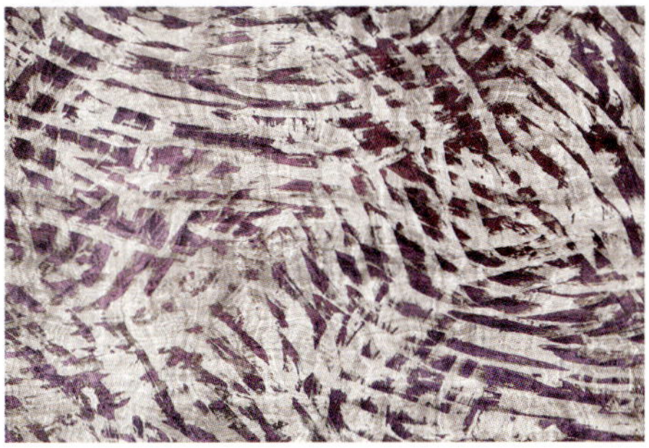

3) 무채색(Achromatic Color)

① 흰색(White)

"나는 파란색 하늘의 경계를 뛰어넘었다. 하늘을 찢어 가방에 넣고,
모양을 만들고, 색을 입히고, 매듭으로 묶었다. 나는 헤엄친다!
흰 색 자유의 심연, 무한히 눈앞에 있다."

– 카지미르 말레비치(Kazimir Malevich)

흰색은 완전한 동시에 불안함이 공존하는 빛의 색이자 물리적으로 존재하지 않는 색이다. 인간의 눈에 있는 세 가지의 색을 느끼는 세포들이 같은 정도로 자극되면 흰색이라고 느끼게 된다. 그래서 빛의 3원색을 합치면 흰색이 되며, 가시광선 전체를 반사하는 물체도 흰색으로 보이며, 색을 가진 다양한 빛들을 최대한 더하면 더할수록 흰색에 가까워진다.

색채 심리학에서 흰색은 순결, 순수, 결백, 평화와 신성함을 나타내며 부정적 의미로는 죽음, 이별, 무기력, 패배를 의미하기도 한다. 아무것도 없다는 이미지를 주는 색으로 항복의 상징으로 여겨지기도 하며, 순수함과 성스러움의 상징으로 긍정적인 이미지를 가지고 있다. 우리 한민족은 예로부터 흰옷을 즐겨 입었다 하여 백의민족이라 부르기도 했다. 서구 사회에서도 흰색은 비슷한 의미로 사용되었다. 고대 이집트에서도 흰색을 태양의 색으로 여겨 태양의 신 이시스를 상징하는 색으로 벽화에서 쉽게 찾아볼 수 있고 고대 로마에서는 공직자들이 흰색의 '토가'를 입었다. 18~19세기에 들어서 인테리어와 건물 외관에 흰색을 배경으로 사용해 고결하면서도 화려함, 웅장함을 나타내었다. 19세기 말엔 티타늄 화이트(Titanium White)라는 새로운 안료가 발견되는데, 이 티타늄 화이트로 화가들은 이전보다 훨씬 더 눈이 부시도록 밝은 흰색을 작품에 표현했다.

흰색을 좋아하는 사람은 정의감이 넘치고 높은 이상을 요구하는 완벽주의자 타입이지만 반면에 자기방어적이다. 단순함과 순수함을 이미지화한 것이 흰색이지만 차가움, 결벽, 인공, 가벼움 같은 이미지도 나타날 수 있다.

② **회색**(Grey)

"회색이 가진 중립성은 우리에게 명상하고 가시화할 수 있는 능력을 부여한다.
회색은 다른 색에는 없는 '없음'을 보여주는 능력이 있다."

- 게르하르트 리히터(Gerhard Richter)

회색은 흰색과 검은색을 혼합했을 때 나타나는 색으로 흰색이나 검은색의 양에 따라 다양한 명도의 회색들이 만들어진다. 자연에서 회색은 먹구름으로 나타나며 빛을 흡수하여 회색으로 나타난다. 그래서인지 회색은 안개 낀 공간, 차가운 시멘트와 아스팔트, 비에 젖은 도시의 무거움으로 우리에게 우울한 감정을 준다.

색채 심리학에서 회색은 무기력, 소극적인, 겸손, 노년, 원숙함, 고상, 중립, 우울, 평범, 기회주의자를 의미한다. 회색은 안정감과 보수적인 이미지가 있고, 지적이며 차분한 인상을 주며, 모던한 이미지에 적합한 색이다. 고대와 중세 시대에, 회색은 양모의 색으로 농부와 빈곤층이 가장 일반적으로 착용하는 색이었다. 또한 프란체스코 수도사의 수사들에 의해 착용된 색이었고, 겸손과 빈곤에 대한 맹세의 상징으로 사용되었다. 르네상스와 바로크 시대에는 회색이 패션과 예술에서 중요한 역할을 하기 시작했다. 검은색은 특히 이탈리아, 프랑스 및 스페인에서 가장 인기 있는 귀족의 색이 되었으며 회색과 흰색이 조화로 고급스러움을 나타냈다.

1930년대 후반 회색은 산업화와 전쟁의 상징이 되었다. 전쟁이 끝난 후, 1956년 영화 그레이 플란넬 슈트(The Gray Flannel Suit)의 유행으로 회색 비즈니스 슈트는 '성공을 위해 시대에 순응한 인물'이라는 회색분자, 기회주의자의 이미지가 되었다.

회색을 좋아하는 사람은 밸런스 감각이 뛰어나고 누구와도 조화를 맞춰 잘해 나간다. 진중하게 주위 상황을 생각하는 타입이지만, 겸손함으로 개성을 묻어 버리는 경향도 있다.

③ 검은색(Black)

"반드시 검은색을 존경해야 한다. 어느 무엇도 그것을 대체할 수는 없다. 검은색은 우리 눈을 기쁘게도 하지 않고 다른 감각을 일깨우지도 않는다. 그것은 정신의 동인이다. 팔레트나 프리즘의 어떤 색보다도 아름답다."

– 오딜 롱 르동(*Odilon Redon*)

검은색 혹은 흑색(黑色)은 색의 일종이자 무채색의 일종으로 색 중에서 가장 어두운 색이다. 빛을 반사하는 흰색과 반대로 빛을 흡수해서 어둡게 나타나는 색이다. 또 다양한 물감들을 섞을수록 검은색에 가까워진다. 자연에서 검은색은 어두운 밤에서 볼 수 있듯이 본능적으로 두려움을 준다. 사람의 마음을 원점으로 돌아가게 하는 원초적 이미지도 내포하고 있다.

중국에서는 진(秦)나라의 진시황의 상징색이었다. 검은색은 당당하고 힘이 있으며 엄숙하고 무게감을 주기 때문이었다. 우리나라나 일본에서는 불운을 불러오는 불길한 색이었고 서양에서도 악마 죽음을 상징하여 부정적인 의미가 있다. 성직자들의 복식을 검은색으로 하여 세속에서의 죽음, 절제, 검소의 의미로 사용되기도 했다. 하지만 현대에서는 모던, 시크, 섹시, 고급의 상징으로 사용된다. 1962년 코코 샤넬의 리틀 블랙 드레스(Little Black Dress)는 〈보그〉 미국판에 소개되면서 인기를 끌게 되었는데 코르셋 해방에 이어 패션 안에 존재하는 계급을 없앤 혁명이라고 볼 수 있다.

색채 심리학에서 검은색은 위엄, 강한, 엄숙한, 우아, 고급스러움, 모던, 신비함을 나타내며 부정적 이미지로는 공포, 죽음, 분노, 지옥, 위험, 긴장, 고뇌, 엄격, 금기 등이 있다. 검은색을 좋아하는 사람의 강점은 강한 의지의 정신력으로 여러 가지 어려움을 극복할 수 있다. 한편, 방식이 강제적이거나 고집이 지나쳐서 전체적인 조화(특히 인간관계)가 무너질 수 있으니 주의해야 한다.

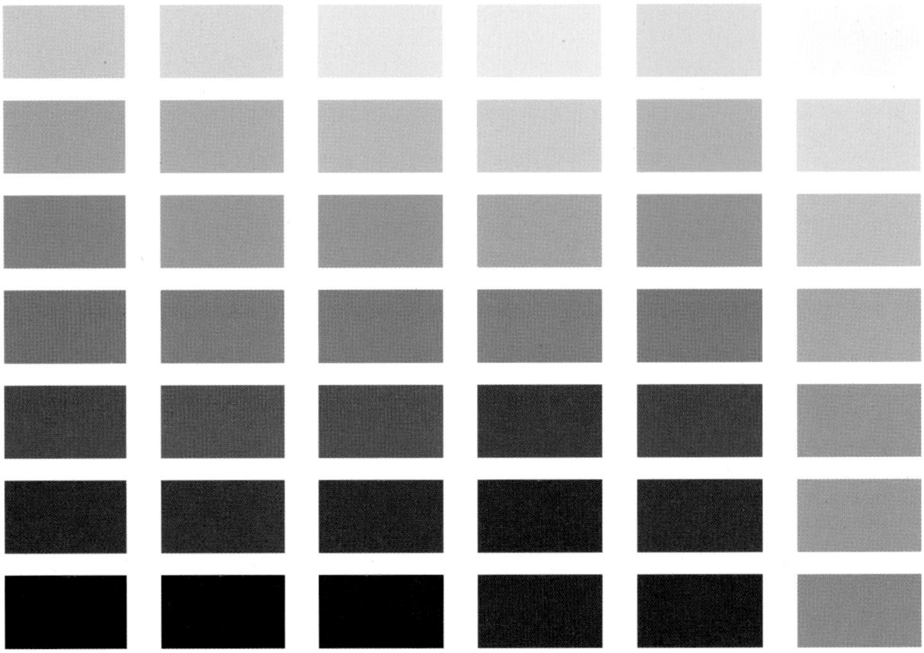

2. 퍼스널 컬러를 통한 세련된 이미지 연출법

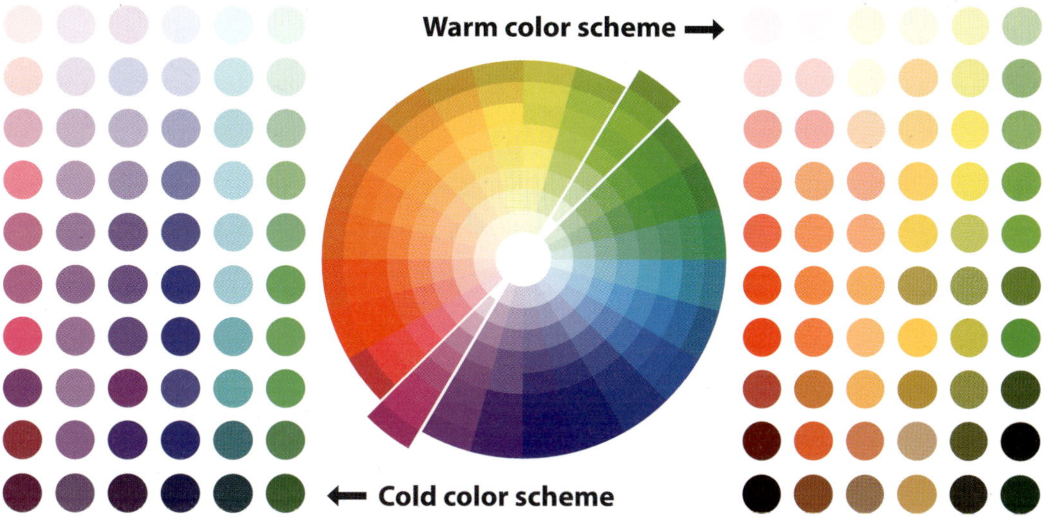

퍼스널 컬러(Personal Color)란 자기 자신만이 가지고 있는 타고난 고유의 신체 색으로서 피부색, 눈동자 색, 머리카락 색을 의미한다. 신체 색과 조화로운 색의 진단을 통하여 개개인의 색채 이미지를 연출하는 것이다.

누구나 평소에 좋아하는 호감 색은 따로 있다. 하지만 좋아하는 색과 어울리는 색은 따로 있으며, 색을 어떻게 사용하는가에 따라 이미지에 많은 영향을 미친다. 그러므로 컬러는 대인의 이미지를 표현하는 중요한 요소로 작용하며 자신이 가지고 있는 고유의 색을 가지고 메이크업, 헤어, 패션 스타일 등에 어울리는 색을 찾으면 얼굴이 생기 있어 보이고 활기차 보인다. 평소 자신의 스타일을 체크해보자. 옷을 입을 때 색상 선택 기준이나 현재 직업에 맞는 의상 스타일은 어떤지, 평소에 입는 의상 스타일과 어떤 액세서리를 선호하며 메이크업과 헤어스타일은 어떻게 유지하고 있는지 등을 알아둔다. 이것을 바탕으로 퍼스널 컬러를 활용해 자신의 개성과 장점을 부각시키고 단점은 보완하여 나만의 매력을 효과적으로 표현할 수 있다. 상대에게 어떠한 인상을 주고 싶은지 분석하는 데서 한발 더 나아가 상담이나 회의의 분위기 혹은 상대의 기호 등을 고려해서 색상을 선택했을 때 비즈니스 센스 역시 돋보인다.

1928년 로버트 도어(Robert Dorr)는 〈배색의 조화와 부조화의 원리〉 연구를 통해 색은 따뜻한 옐로 베이스와 차가운 블루 베이스로 나뉘며 웜톤과 쿨톤의 기본 원리가 된다고 하였다. 1980년에 전문 서적인 〈Color ME Beautiful〉을 출간하고 인간의 이미지를 4가지로 분류하였다. 봄과 가을 유형은 따뜻한 색상의 팔레트로, 여름과 겨울 유형은 차가운 색 팔레트를 제안하였다.

1) 봄 유형

① 이미지와 스타일

봄 유형은 화사하고 사랑스러운 이미지의 따뜻한 컬러인 옐로 베이스이다. 생동감 있고 온화한 생명력과 에너지를 느낄 수 있는 계절이다. 부드럽고 밝은 파스텔 톤과 채도가 높아 선명한 고명도, 고채도의 톤이다. 대체적으로 피부가 밝고 투명한 상아색을 띠며 볼 부분이 연어색의 따뜻한 붉은빛을 띠고 눈동자 색과 머리카락 색은 밝은 갈색에 노랑, 주황빛을 띄고 있다.

② 컬러 스와치

- Best color

  고명도 · 고채도 · 중채도의 밝은 색으로 노란빛이 도는 따뜻한 느낌의 색

- Best tone

  vivid, light, pale tone의 맑고 선명한 계열

- Worst color

  차가운 느낌의 한색 계열 · 무채색

- Worst tone

  deep, dark, dull, grayish tone의 탁하고 어두운 계열

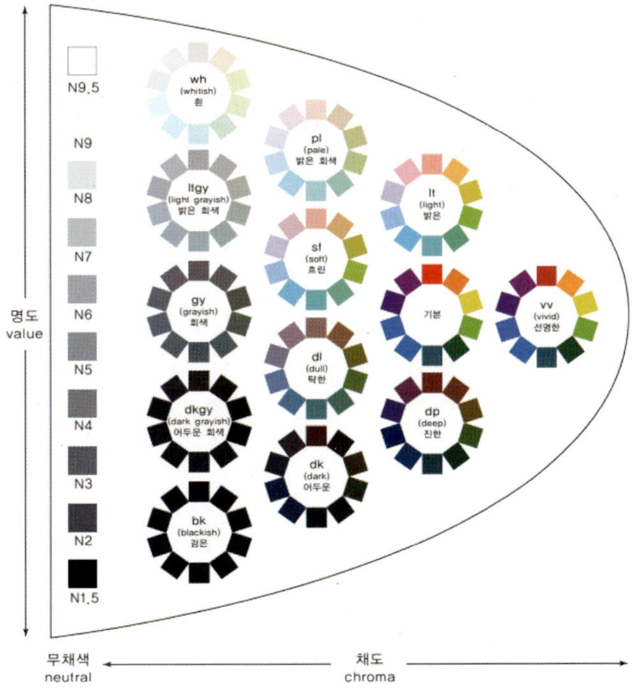

KS 표준색 C&D 155 색조단계

• 기본 컬러

• 뉴트럴 컬러

• 비즈니스 컬러

2) 여름 유형

① 이미지와 스타일

여름 유형은 로맨틱하고 여성스러우며 청순하고 깨끗한 이미지와 이지적인 이미지로 블루와 화이트 베이스이다. 전체적으로 흰빛을 지니며 부드러운 파스텔 톤과 푸른빛이 도는 라이트 그레이시 톤이다. 피부색은 희고 투명하며 푸른빛을 지닌 차갑고 부드러운 빛을 띤다. 햇볕에 잘 타지 않고 붉어지는 얇은 피부를 가지고 있다. 눈동자와 머리카락 색은 회색빛의 애시한 갈색으로 부드럽고 청순한 느낌을 준다.

② 컬러 스와치

- Best color

  고명도 · 저채도의 밝은 색으로 푸른빛의 청량한 느낌의 색

- Best tone

  pale, whitish, soft, light grayish tone의 맑고 연한 계열

- Worst color

  따뜻한 느낌의 노란빛 골드계열

- Worst tone

  deep, dark, dull tone의 어두운 계열

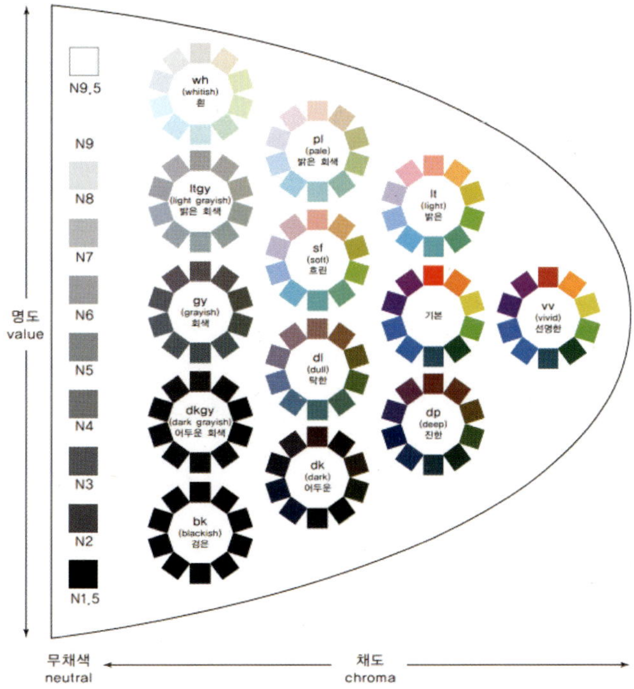

KS 표준색 C&D 155 색조단계

• 기본 컬러

• 뉴트럴 컬러

• 비즈니스 컬러

3) 가을 유형

① 이미지와 스타일

가을 유형은 성숙하고 온화하며 깊이가 느껴지는 클래식한 이미지로 골드 베이스이다. 황금빛의 따사로운 햇살에 내추럴한 계절로 흐리거나 탁하면서 깊고 진한 색으로 무게감을 가진 중 · 저명도, 중 · 저채도의 톤이다. 피부색은 어둡고 노르스름해서 얼굴의 혈색이 잘 드러나진 않지만 건강미가 나타난다. 눈동자와 머리카락 색은 매트하고 짙은 갈색으로 고혹적이고 고전적인 느낌을 준다.

② 컬러 스와치

- Best color

  저명도 · 중채도 · 저채도의 어두운색으로 노란빛이 도는 무게감 있는 색

- Best tone

  deep, dark, dull, grayish tone의 탁하고 어두운 계열

- Worst color

  차가운 느낌의 한색 계열·옅은 파스텔 계열 · 흰색 · 검은색

- Worst tone

  vivid, light, pale, whitish tone의 맑고 선명한 계열

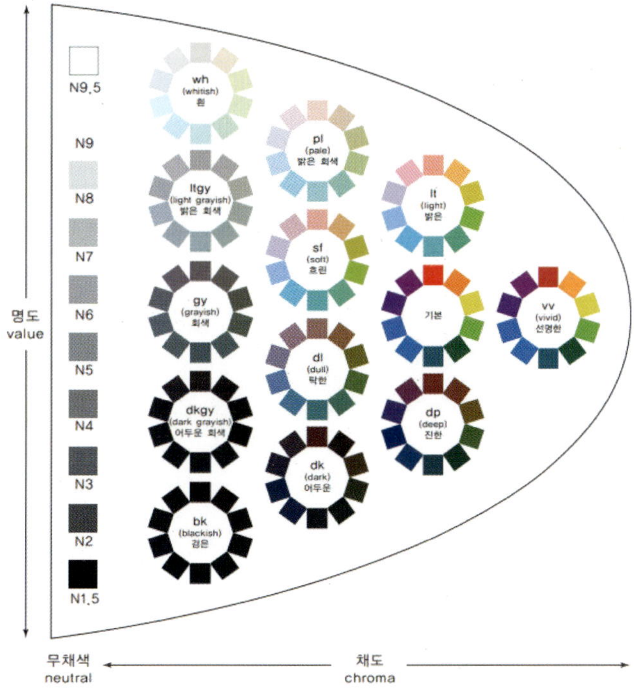

KS 표준색 C&D 155 색조단계

• 기본 컬러

• 뉴트럴 컬러

• 비즈니스 컬러

4) 겨울 유형

① 이미지와 스타일

겨울 유형은 도시적이고 세련된 이미지와 지적이고 깔끔한 이미지로 블루와 블랙 베이스이다. 블랙과 화이트의 선명한 대비로 전체적으로 깔끔한 이미지를 주면서 때론 차가운 원색의 톤으로 화려한 이미지를 주기도 한다. 피부색은 밝은 피부에 푸른빛이 감돌거나 붉은 피부에 푸른빛을 띠고 있다. 눈동자와 머리카락 색은 푸른빛이 도는 검은색이나 짙은 회갈색으로 피부와 대조를 이루어 진한 인상을 준다.

② 컬러 스와치

- Best color

  저명도-고명도, 저채도-고채도의 콘트라스트가 강한 색

- Best tone

  whitish, blackish, pale, dark, vivid tone의 강한 대비

- Worst color

  따뜻한 느낌의 노란빛 골드계열

- Worst tone

  soft, dull, grayish tone의 중명도 · 중채도 계열

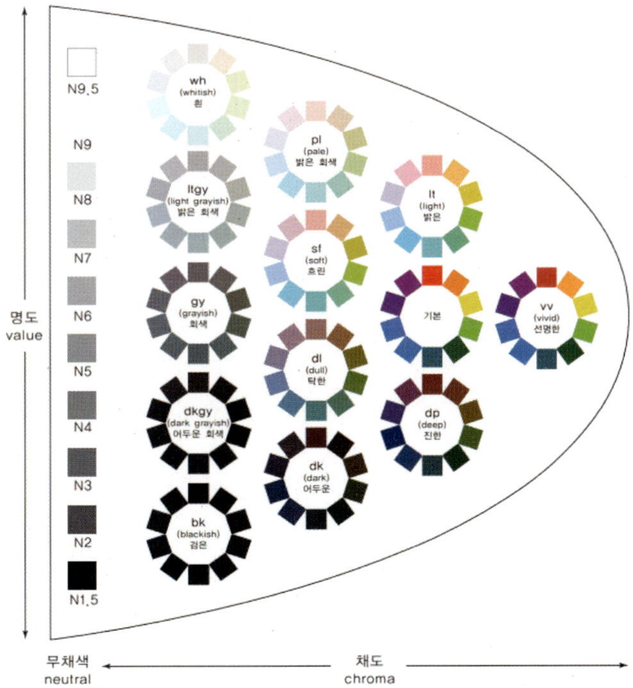

KS 표준색 C&D 155 색조단계

• 기본 컬러

• 뉴트럴 컬러

• 비즈니스 컬러

3. 컬러 이미지 배색기법

배색은 두 가지 이상의 색채를 조합하는 색채의 '관계'를 말한다. 배색에서 면적, 형태 등의 요소들이 항상 같은 비율로 적용되는 것은 아니며, 색의 조화에도 정해진 법칙이 있는 것은 아니다. 보는 사람이 편안함이나 쾌감을 느낀다면 모두 조화가 되어 있다고 할 수 있다. 보통 어떤 디자인이든 작품이든 한 가지 색을 사용하는 일은 드물다. 같은 색이라도 조합과 면적에 따라 나타나는 느낌이나 이미지가 달라지기 때문에 배색을 다양하게 시도해보는 노력이 필요하다. 내가 원하는 다양한 이미지를 연출하기 위해 기본적인 배색 기법을 공부해 보자.

1) 톤 온 톤(Tone on Tone) 배색

톤 온 톤 배색은 같은 색에서 단계적으로 명도와 채도에 변화를 주어 통일감과 리듬감, 역동감을 주는 배색이다. 일명 '깔 맞춤' 패션으로 상하의, 액세서리까지 같은 색으로 맞추는 경우가 많은데 배색 고수가 아니라면 촌스러운 느낌을 줄 수 있다. 이럴 때 명도나 채도 변화를 주어 톤 온 톤 배색을 이용하면 세련되게 표현할 수 있다. 한 가지 색상에 톤 변화를 주어 매치하기도 쉽고 부드러운 느낌을 준다. 명도나 채도의 차이를 크게 주어 세련되고 젊은 감각을 나타낼 수 있다. 한 가지 색으로 지루해 보인다면 독특한 소재로 변화를 주면 좋다.

유사한 개념으로 카마이유(Camaïeu) 배색이 있는데, 거의 같은 색에 가까운 색을 사용한, 언뜻 보면 한 가지 색으로 보일 정도로 미묘한 차이로 색상이나 톤의 변화가 거의 없는 배색이다.

2) 톤 인 톤(Tone in Tone) 배색

톤 인 톤 배색은 톤의 느낌은 거의 일정하게 유지하면서 색상에 변화를 주는 배색이다. 어떤 톤을 고르느냐에 따라 분위기가 달라지며 유사 색상을 사용하면 통일감을 주면서 부드러운 이미지를 준다. 보통 파스텔 톤 배색에 많이 이용하며 고명도의 색조는 귀엽고 발랄한 느낌을 준다.

톤 인 톤 배색에 포함되는 배색으로 고채도의 멀티컬러(multi-color) 배색은 색상을 다양하게 활발하고 젊은 이미지를 준다. 토널(tonal) 배색은 중명도, 중채도의 탁한(dull) 톤을 사용하여 차분하고 안정적이면서 성숙한 느낌을 준다.

3) 콘트라스트(Contrast) 배색

콘트라스트 배색은 색상환에서 반대편에 위치한 보색 관계의 색상이나 색상 간의 거리가 먼 색들을 사용하여 강한 대비 효과를 주는 배색 기법이다. 서로의 색이 돋보이는 강한 배색 효과 때문에 화려하고 강렬한 느낌을 준다. 유사 색상이나 유사 색조 배색에 비해 어렵지만 잘 매치하면 다이내믹하면서 활동적인 이미지를 나타낼 수 있다. 색상의 대조가 강하기 때문에 면적에 따른 조화에 중점을 맞춰야 한다.

4) 트리콜로(Tricolore) 배색

국기에서 유래된 배색 기법으로 하나의 면에 3색의 색상이나 톤의 조합에 의한 배색 기법이다. 상징성, 명료성이 강하고 변화, 리듬, 적당한 긴장감을 주어 스포츠 웨어에 많이 사용된다. 색상, 명도, 채도의 대비가 강해서 다이나믹하고 활발한 이미지를 주며 색상 차이가 가까워질수록 대비가 약해짐으로 색상 차이에 신경 써야 한다.

5) 악센트(Accent) 배색

동일 배색이나 유사 배색같이 단조로운 배색에 대조적인 색상이나 색조로 눈에 띄거나 돋보이게 강조한 배색을 말한다. 주조색, 보조색, 강조색으로 나눌 때 주조색과 보조색은 유사한 색상이나 색조를 사용해서 비슷한 느낌으로 통일감을 주어 배색하고, 강조색은 반대 색상이나 색조로 차이를 크게 주어 눈에 띄게 배색한다. 강조색은 대비가 강하기 때문에 적은 면적으로 배색해야 한다.

패션에서 키가 작은 체형은 넥타이나 스카프, 모자 등 상체에 강조를 주어 시선을 위로 올리고 키가 큰 체형은 신발, 허리띠, 가방 등에 포인트를 주어 시선을 아래로 내리면 체형 보완이 된다.

Image Strategy

3

리더의 패션 경영

1. 얼굴형과 체형에 따른 황금비율
2. 남성 리더를 위한 패션 스타일링
3. 여성 리더를 위한 패션 스타일링
4. 스포츠 웨어 컬러 스타일링

1. 체형과 얼굴형에 따른 황금비율

체형의 사전적 의미는 해부학상 '개인의 형태적 구성을 결정하는 기본적 성분의 성격'으로서 사람이 똑바로 서 있을 때 신체의 가장 외측의 윤곽(Out Line)을 뜻한다. 패션 코디네이션에서는 일반적으로 인체의 실루엣에 의해 체형을 분류한다. 실루엣은 복식에서 의복의 전체적인 윤곽선인 의복의 외형선을 의미하며 디테일, 디자인 선 등에 따라 전체적인 외관을 나타내는 시각적 요소로 작용한다. 자신의 이미지를 어떻게 연출할 것인가에 따라 실루엣은 전체적인 이미지에 큰 영향을 주므로 개인의 얼굴형과 체형, 신체 비례 등을 통하여 가장 잘 어울리는 실루엣을 고려하여 코디네이션을 연출해야 한다. 그러므로 자신의 체형을 잘 파악해야 한다. 실루엣의 기준은 인체의 허리를 중심으로 허리선의 좌·우의 폭과 상·하의 높이, 전·후의 차이에 따라 분류하며 실루엣의 유형으로 남성은 직사각형 체형, 역삼각형 체형, 타원형 체형으로, 여성은 모래시계 체형, 직사각형 체형, 타원형 체형, 삼각형 체형, 역삼각형 체형으로 구분한다.

1) 남성의 체형

① 직사각형 체형(H-line)

일반적인 체형으로 어깨가 특별히 넓지 않고 가슴과 허리의 차이가 많이 나지 않은 날씬한 체형이다. 매끈한 직선형 실루엣에 세련되고 지적인 인상을 주는 타입으로, 다양한 스타일 연출이 가능하다. 의복의 실루엣은 너무 슬림한 것보다는 여유 있는 스타일로 어깨에 패드로 볼륨을 주고 허리가 가늘어 보이도록 연출한다. 마른 체형의 경우 짙은 색보다는 브라운이나 회색 계열의 중간색 톤이나 밝은 톤을 선택하는 것이 좋고, 잔잔한 패턴인 글렌체크나 헤링본 무늬를 선택한다. 소재는 너무 얇은 것은 피하고 부피감을 주는 트위드 소재를 사용하면 날카로워 보일 수 있는 이미지를 부드러운 인상으로 연출할 수 있다. 키가 크고 마른 체형은 상의와 하의를 다른 색으로 배색하면 볼륨감 있고 생기 있는 스타일을 연출할 수 있다.

② **역삼각형 체형**(T-line)

남성미와 건강미가 돋보이며 어깨가 넓고 상체가 발달한 이상적인 체형이다. 짙은 색의 상의와 밝은색의 하의는 상·하체의 균형을 잡아주는 배색이다. 어깨가 좁아 보이도록 조끼를 착용하거나 얇은 니트를 선택하면 체격이 커 보이지 않아 부드러운 인상을 줄 수 있다. 키가 작은 경우는 V존을 좁게 강조하고 넥타이를 사선 스트라이프 패턴으로 연출하고 안경, 선글라스, 포켓치프 등으로 얼굴 쪽에 시선을 유도하면 키가 커 보이는 효과를 줄 수 있다. 선명한 스트라이프 슈트는 너무 강하고 위압적으로 보일 수 있으니 피하고, 살이 찐 체형은 몸에 너무 타이트한 유러피안 스타일의 슈트는 피하는 것이 좋다.

③ **타원형 체형**(O-line)

어깨가 부드러운 곡선으로 내려오고 허리와 엉덩이둘레가 크게 차이 없어 허리둘레가 두꺼운 둥근 체형이다. 목이 짧은 체형이 많으며 전체적으로 둥글고 통통한 스타일로 자칫 둔해 보이는 인상을 줄 수 있다. 의복의 실루엣은 직선적인 형태로 연출하는 것이 포인트이다. 상의와 하의는 동일한 색상에 어두운 톤으로 선택하며, 너무 얇거나 부드럽고 부피가 있는 소재는 곡선을 만들기 때문에 피한다. 슈트 착용 시 짙은 색의 남색이나 검은색 등 어두운 계열과 어깨가 각져 보이고 V존이 깊은 싱글 브레스티드 재킷 스타일을 선택하면 좋다. 넥타이를 포인트로 사용해서 활력 있는 이미지를 연출할 수 있다.

2) 여성의 체형

① 보통 체형

보통 이상적인 체형의 기준은 과장된 부분 없이 균형감 있는 일반적인 표현으로 8등신이라 한다. 상체와 하체의 균형이 잘 잡혀 보이는 체형으로 모래시계형과 사각형의 중간 체형이다. 코디네이션으로 다양한 인체 실루엣을 연출할 수 있으며 모든 스타일을 소화할 수가 있다. 다양한 스타일을 잘 파악해서 개성을 표현한다면 원하는 여러 가지 이미지를 자유롭게 연출할 수 있다.

② 모래시계 체형(X-line)

가슴과 엉덩이가 풍만하고 허리는 상대적으로 가는 체형이다. 실루엣은 상의와 허리가 꼭 맞고 허리에서부터 아랫단까지 넓어지는 스타일로 몸의 곡선이 가장 잘 드러난다. 모래시계 체형은 허리선이 구분이 없으면 몸이 확대되어 보이므로 허리를 타이트하게 하여 여성미를 드러내야 한다. 목선은 V네크라인으로 깊이 파이거나 목선이 잘 드러나는 스타일이 체형의 장점을 잘 살릴 수 있다. 가슴 부분에 화려한 장식이나 무늬는 피하고 박스형이나 헐렁한 스타일의 상의는 피하는 것이 좋다. 랩 스타일의 상의와 펜슬스커트, 허리가 들어간 재킷으로 연출한다. 벨트는 폭이 넓은 스타일로 허리를 가늘게 강조하고 하의는 단색으로 옷감이 얇은 소재로 펑퍼짐하지 않게 연출하는 것이 좋다.

③ **직사각형 체형**(H-line)

어깨와 허리, 엉덩이 넓이가 크게 차이가 없는 체형이다. 가슴은 작고 어깨와 엉덩이는 좁은 스타일로 몸의 윤곽선은 세로로 긴 직선의 실루엣이다. 허리선이 정확하지 않아 밋밋한 느낌을 줄 수 있어 허리선을 강조하면 볼륨을 살릴 수 있으며, 가로줄 무늬나 박스 스타일은 피한다. 상의는 U, V네크라인의 디자인과 액세서리로 연출하며, 하체로 시선이 향하도록 스커트 밑단이나 바지 밑단을 풍성하고 볼륨감 있게 연출한다. 프린세스 라인의 원피스나 코트를 선택하면 좋다.

④ **타원형 체형**(O-line)

어깨가 부드러운 곡선으로 내려오며 복부와 허리, 엉덩이 부분에 살이 많고 팔다리는 가는 체형이다. 허리 부위나 전체적인 부피가 큰 실루엣이다. 허리 부분을 커버해서 상체와 하체를 날씬하게 연출해야 한다. 상의는 어깨에 각이 있는 스타일에 얇고 단단함이 있는 옷감을 선택하고 이너는 어두운색으로 연출한다. V네크라인으로 목선을 강조하고 세로로 긴 스타일의 목걸이를 코디한다. 부피가 많은 옷감과 광택 있는 소재, 스트라이프 무늬, 박스 스타일은 피한다.

⑤ 삼각형 체형(A-line)

어깨는 좁고 엉덩이와 허벅지에 살이 많은 체형이다. 상체는 빈약하고 하체가 큰 체형으로 상체에 여유가 없고 하체의 끝단으로 퍼지는 실루엣이다. 목선이 넓은 보트 네크라인이나 스퀘어, 오프 숄더 네크라인이 좋으며, 상의는 가슴 부분에 볼륨과 여유가 있어 상체가 강조되어 보이는 스타일과 밝고 무늬가 있는 디자인으로 연출해 상체로 시선을 유도하면 좋다. 하의는 수축되어 보일 수 있는 어두운 색상과 단색이 좋다. 하체가 가려지는 길이의 재킷과 A라인 실루엣의 코트, 원피스, 스커트로 연출하고, 하의는 너무 타이트한 디자인과 문양, 광택이 들어간 소재를 피하는 것이 좋다.

⑥ 역삼각형 체형(Y-line)

어깨가 넓고 엉덩이는 작고 다리는 가는 체형이다. 양쪽 어깨가 강조되고 엉덩이에서 밑단까지 슬림한 Y자 실루엣이다. 어깨가 넓어 보이지 않게 어깨 장식이나 폭이 넓은 칼라 등 상체를 강조하는 옷은 피한다. 겉옷은 어두운색으로 코디하고 무늬는 단색이 좋다. 상의는 V네크라인에 타이트하고 짙은 색으로 입는 것이 좋으며, 볼륨감이나 큰 무늬와 광택은 피하는 것이 좋다. 하의는 날씬한 다리를 드러내서 연출하면 좋다.

3) 얼굴형

얼굴은 그 사람을 대표하는 가장 중요한 신체 부위로 성별, 나이, 성격, 인품 등을 나타낸다. 사람들은 대인 관계에 있어 누구든지 상대방에 대한 인상을 형성하게 되는데, 타인에 대한 지식과 기대들은 그 사람이 형성하는 인상에 의해 결정된다.

얼굴형은 얼굴의 외곽선으로 머리 모양과 이목구비를 제외한 것을 의미하며, 얼굴의 형태는 이마, 눈, 코, 입, 볼, 턱 등으로 이루어진 특징적인 형태 차이로 구분된다. 얼굴형은 그 시대의 사회적 이상적인 아름다움의 기준에 의해 판단되며 시각적으로 얼굴 길이, 가로와 세로의 비율, 이마, 턱, 광대뼈의 모양 등에 의해 분류되고 있다. 얼굴의 유형은 계란형, 둥근 형, 긴 형, 사각형, 역삼각형, 삼각형, 마름모형으로 미용학적 분류를 기준으로 하였다.

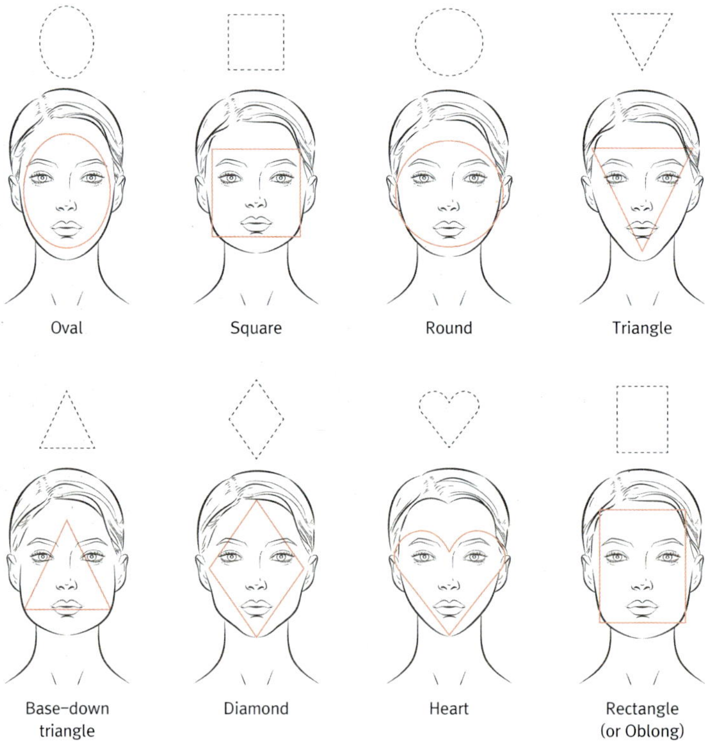

① 계란형

계란형은 표준이 되는 가장 이상적인 얼굴형으로 '타원형'이라고도 한다. 얼굴형의 길이와 가로, 세로의 비율이 자연스러운 균형을 이루는 얼굴형이다. 사교적이며 자연스럽고 매력적이며 아름답고 여성적인 이미지로서 비즈니스에서는 안정감 있는 이미지를 크게 벗어나지 않은 이미지메이킹이 좋다.

안경은 어떤 스타일도 소화할 수 있어 다양한 스타일에 도전하면 좋다.

② 둥근 형

둥근 형은 뺨이 둥글고 얼굴 길이가 짧으며 가로, 세로 길이가 거의 같은 비율로 얼굴에 살집이 있는 얼굴형이다. 귀엽고 사랑스러우며 친근한 낙천적인 이미지이다. 동안의 이미지로 어려 보이는 이미지가 있어 비즈니스를 위해서는 활동적이고 성숙한 이미지를 주기 위한 스타일링이 필요하다.

둥근 테는 얼굴을 더 둥글게 보이게 하므로 각지거나 길이가 긴 사각 프레임의 안경과 끝이 살짝 올라간 캣츠형 디자인의 안경이 좋다.

③ 긴 형

긴 형은 얼굴의 이마나 턱의 길이가 길고 얼굴 폭이 좁은 얼굴형이다. 우아하고 고상하며 침착하고 조용한 이미지로서 성숙하며 실제보다 나이가 더 들어 보일 수 있는 얼굴이다. 이러한 이미지는 비즈니스에서는 유리하지만 때로는 발랄할 수 있도록 이미지 변신도 필요하다.

이마가 넓고, 턱이 뾰족한 긴 얼굴형은 끝이 둥근 안경테를 추천한다. 타원형에 가까운 사각 안경테는 얼굴이 짧아 보일 뿐 아니라 인상을 또렷하게 만들어주는 효과가 있다. 얼굴 비율에 맞춰 렌즈의 상하 길이가 긴 디자인으로 고르는 것도 중요하다. 렌즈의 상하의 길이가 짧으면 눈과 코 중앙이 축소되어 보여 턱과 이마가 더 넓어 보일 수 있기 때문이다.

④ 사각형

사각형은 턱이 발달하고 얼굴의 가로, 세로의 길이 차이가 적은 얼굴형이다. 남성적이고 고집스러움, 인내력과 집착이 강해 보이는 활동적인 이미지이다. 여성의 경우 둥근 얼굴형에 비해 남성스럽게 보이는 경향이 있다. 부드러운 곡선의 형태로 연출하여 우아하고 여성스러운 느낌으로 개성 있게 나타내는 것이 좋다.

사각형은 얼굴형은 자체가 강한 인상을 주기 때문에 강렬한 느낌을 주는 각진 스퀘어 형태의 안경테는 피하는 것이 좋다. 사각 얼굴형은 모서리가 부드러운 둥근 원형 안경테를 착용해야 얼굴형이 부드럽게 보인다.

⑤ 삼각형

삼각형은 양쪽 턱 선이 넓고 볼살이 많으며, 이마가 좁은 얼굴형이다. 차분하고 안정적이며 의지력이 강하고 고집스러운 이미지이다. 이마 헤어라인을 교정해서 이마를 밝혀 당당한 이미지를 드러내면 비즈니스에 유리하다.

삼각형 얼굴형은 위 프레임이 두껍고 아래가 얇은 하금테 안경을 추천한다. 위 프레임이 두꺼워 하관으로 가는 시선을 위로 잡아주는 효과가 있으며 클래식하고 세련된 이미지를 나타낼 수 있다.

⑥ **역삼각형**

역삼각형은 V라인이라고도 하며, 턱이 뾰족하고 이마가 넓은 현대적인 얼굴형이다. 안정적이며 의미, 신뢰성, 세련미를 풍기는 이미지이다. 턱 선이 가늘어 아름답게 느껴지지만 냉정한 느낌으로 따뜻함이 부족하고 쓸쓸하고 빈약한 인상으로 보이는 경향이 있기 때문에 턱 선을 살려 성숙한 분위기로 스타일링하면 좋다.

역삼각형 얼굴형은 넓은 이마를 커버할 수 있는 타원형이나 원형 스타일이 좋다. 모서리 부분이 둥근 사각 타입의 웰링턴 스타일과 보잉 스타일은 시선을 분산시켜 턱이 뾰족해 보이는 것을 커버해 준다. 각진 스타일은 차가운 인상이 강조될 수 있어 피하는 것이 좋다.

⑦ 마름모형

마름모형은 이마가 좁고 턱이 뾰족하며, 광대뼈가 튀어나온 입체감이 많은 얼굴형이다. 감각이 뛰어나고 총명하며 예리하고 신경이 예민한 이미지로 자칫 나이 들어 보일 수 있다. 비교적 강한 인상을 가지고 있으므로 주목성이 강한 스타일보다는 부드러운 인상으로 이미지메이킹을 하면 좋다.

마름모형 얼굴형은 위가 넓고 아래가 뾰족한 테를 선택하면 부각되는 턱과 광대를 커버하고 시선을 위로 분산시켜 얼굴형을 보완할 수 있다.

2. 남성 리더를 위한 패션 스타일링

비즈니스 세계에서 남성의 정장은 품격이자 무기이다. '첫인상은 3초 안에 결정된다.'라는 말을 익히 들어봤을 것이다. 물론 3초 안에 상대방을 파악하는 것은 어렵지만 상대에 관한 정보가 전혀 없는 첫 대면일 때, 첫인상을 결정하는 것은 '옷차림'이다. 깔끔한 스타일은 상대에게 좋은 인상을 주고, 호감도를 올리는 것과 관계가 있다. 특히 직원들을 통솔하거나 나와 대등한 비즈니스 또는 그렇지 않은 비즈니스 등 보통의 비즈니스맨보다 다양한 상황에 직면하게 될 '리더'라면 외적 이미지 표현은 정말 중요한 요소다.

정치인이나 기업 최고 경영자(CEO), 개인이 기업인 프리랜서까지 리더들은 패션을 통해 그들의 가치관이나 경영전략을 드러낸다. 스티브 잡스의 검은색 터틀넥 스웨터에 청바지, 마크 저커버그의 후드티, 아마존 CEO 제프 베이조스의 블루 셔츠에 블랙 재킷 등 소위 '잘나가는 리더'들은 본인만의 스타일 전략이 있다. 스타일에 신경 쓴다는 것은 상대에게 메시지를 전달하는 것이고 예의를 차려 상대를 존중하는 것이다. 남성의 패션은 비즈니스 웨어와 캐주얼웨어의 구분이 여성 패션에 비해 명확한 편이다. 요즘 트렌드는 경직되고 딱딱한 패션에서 벗어나 캐주얼과 매치한 세미 캐주얼 스타일이지만 리더의 비즈니스 웨어는 신입사원과 달라야 한다.

정장(Suit)

1) 정장 스타일

① 아메리칸 스타일(American Style)

아메리칸 슈트 스타일은 미국 최초의 기성복 브랜드 브룩스 브라더스(Brooks Brothers)에서 선보인 내추럴 숄더 슈트(Natural Shoulder Suit)와 색 슈트(Sack Suit)에서 그 시초가 되었다. 미국의 실용주의가 담긴 옷으로 어깨와 품이 넓고 허리선이 없으며 중앙의 뒤트임, 2~3개의 앞여밈 단추, 플랩 포켓으로 활동의 편의성이 높았다. 바지에는 중심 주름 외에 장식이 없었다. 점차 유럽의 영향을 받아 소매통이 좁아지고 3~4개의 단추 등의 변화가 있었다. 존 F. 케네디 대통령은 아메리칸 스타일의 실용적인 슈트로 젊고 서민적인 이미지를 연출하였다.

② **유러피안 스타일**(European Style)

유러피안 스타일은 각이 진 어깨와 좁은 소매, 두 개의 앞 여밈 단추로 되어 있으며 뒤트임이 없는 것이 특징이다. 가슴에서 엉덩이까지 꼭 맞는 매우 엄격한 선으로 재단되어 몸의 곡선을 살려주지만 아메리칸 스타일보다 다소 경직된 느낌을 준다. 바지는 허리 아래에서부터 좁아지기 때문에 엉덩이에서 다리까지 늘씬한 스타일이다. 격식에 엄격한 유럽인의 기호를 잘 나타내며 몸에 꼭 맞기 때문에 이 실루엣의 옷을 입으면 다소 말라 보인다.

③ 브리티시 스타일(British Style)

런던 리젠트가의 최고급 양복점 거리 이름을 딴 새빌로(Saville row) 스타일이라고도 하는 브리티시 스타일은 어깨에 얇은 패드를 넣거나 넣지 않아 자연스럽게 각진 형태에, 허리에 라인을 넣은 귀족적이고 중후한 스타일이다. 아메리칸 슈트와 유러피안 슈트의 중간 형태로 품격 있고 당당해 보이며, 엄격해 보이는 이미지를 준다. 자연스럽게 각이 진 어깨와 두 개의 앞여밈 단추, 하나의 뒤트임으로 이루어진 싱글 브레스티드 슈트(Single Breasted Suit)가 맞춤 양복으로 사랑받고 있다. 바지는 허리에 주름이 들어가며 밑단은 접어 꺾는 형태가 일반적이다.

④ **이탈리안 스타일**(Italian style)

이탈리안 슈트 스타일은 아메리칸의 넉넉함과 유러피안의 곡선미, 브리티시의 균형미가 조화를 이룬 최신 슈트 스타일이다. 넓은 어깨에 허리가 살짝 들어가 남성미가 두드러지고 아랫단이 부드러운 곡선으로 연결되어 세련되면서 편안한 스타일이다. 최근 클래식 슈트의 중심으로 자리 잡은 스타일로 엄격한 카리스마를 돋보이게 한다.

2) 정장 재킷의 종류

① 싱글 브레스티드 재킷(Single Breasted Jacket)

가장 일반적인 디자인 재킷으로 앞여밈에 단추가 한 줄로 내려오는 스타일이다. 1버튼은 네크라인이 깊게 내려오기 때문에 슬림한 실루엣을 부각시키고 좁은 어깨와 굵은 허리의 체형을 보완하는 효과를 준다. 셔츠와 넥타이가 많이 노출되어 캐주얼한 느낌을 주며 단추를 여미는 옷이 아니기 때문에 격식 있는 자리보다는 세미 정장으로 입는 것이 좋다. 2버튼은 전형적인 정장 스타일로 원 버튼과 같이 좁은 어깨와 굵은 허리를 보완해 주어 격식 있고 절제된 이미지를 주는 장점이 있다. 단추는 위 단추만 채우고 아래 단추는 반쯤 보이도록 입는다. 3버튼은 일반적인 스타일은 아니지만 중후하고 클래식한 이미지를 준다. 네크라인이 짧기 때문에 얼굴이 길고 턱 선이 뾰족한 얼굴형을 보완하고 키가 작고 마른 체형에 어울린다. 반대로 얼굴형이 둥글고 배가 나온 체형과 피부 톤이 어두운 사람에게는 갑갑한 인상을 줄 수 있다.

② **더블 브레스티드 재킷**(Double Breasted Jacket)

앞 여밈 단추가 두 줄로 내려오는 스타일로 여밈이 중앙에 있는 것이 아니라 가슴의 반을 겹쳐 덮는 형태의 재킷으로 영국 클래식 스타일의 대표적인 디자인이다. 단추가 두 줄로 안정감 있게 내려오기 때문에 균형감 있어 중후한 멋을 주는 드레시한 재킷으로 건장한 체형에 잘 어울리지만 몸의 실루엣을 잘 잡아주어 배가 나온 체형이나 왜소한 체격의 단점도 보완해 준다. 라펠의 끝이 뾰족하게 위를 향하는 피크드 라펠(Peaked Lapel)과 식스 투온 투(Six-on-Two)라고 부르는 두 줄로 된 6개의 버튼 스타일이 가장 일반적인 더블 브레스티드 재킷의 상징이다. 재킷의 겹쳐지는 속 단추인 '지거(Jigger)'를 반드시 채워야 완벽한 형태를 이룬다. 가운데 단추만 채우고 맨 아래 단추는 열어두는 것이 올바른 착장법이다. 싱글브레스트 재킷에 비해 화려하지만 뚱뚱해 보일 수 있기 때문에 반드시 몸에 딱 맞게 입어야 멋스럽다. 더블 브레스티드 재킷은 특히 핀 스트라이트 무늬가 가장 잘 어울리는 재킷이다. 영화 대부에서도 나왔듯이 범접할 수 없는 카리스마를 갖추면서 패셔너블함도 나타낼 수 있다. 패션에 관심이 많은 리더라면 하나쯤은 가지고 있으면 좋은 아이템으로 추천한다.

③ 라펠 스타일(Lapel Style)

라펠은 코트나 재킷의 앞 몸판이 젖혀진 부분으로 V라인을 형성하는 부분으로 모양과 형태에 따라 얼굴형이나 체형을 보완하기 좋은 부분이다. 라펠의 넓이는 넥타이 굵기와 균형을 잘 이루어져야 한다.

라펠의 폭이 8 ~ 9cm 정도를 가장 일반적인 레귤러 라펠로 균형이 잘 잡힌 형태로 거의 모든 얼굴형에 가장 안정적으로 보이는 장점이 있다. 라펠의 폭을 조절해 얼굴형을 보완할 수 있는 것으로 내로우 라펠(Narrow Lapel)과 와이드 라펠(Wide Lapel)이 있다.

내로우 라펠은 레귤러 라펠보다 폭이 좁은 것으로 유행에 따라서 5cm 정도까지 좁아질 때도 있다. 폭이 좁으면 날렵하고 트랜디한 느낌을 주며 슈트 고유의 곡선이 돋보이는 우아한 느낌보다는 세련되고 깔끔한 느낌이 돋보이는 스타일이다. 상대적으로 와이드 라펠보다 V 존이 깊기 때문에 키가 더 커 보이는 효과가 있으며 둥근 얼굴형을 보완할 수 있다. 넓이가 9.5cm를 벗어나면 그때부터 와이드 라펠이라고 한다. 라펠이 넓을수록 위엄 있고 남자다우며 중후한 느낌을 주고, V존의 느낌을 당당하고 시원하게 만들어주기 때문에 마른 체형을 보완할 수 있다.

④ **노치드 라펠**(Notched Lapel)

노치는 '칼로 벤 자국'이라는 뜻으로 위 칼라와 삼각형 모양이 75 ~ 90° 사이의 트임을 보여주는 형태의 라펠이다. 가장 전통적이고 보편적이며 가장 오랫동안 싱글 브레스티드 재킷의 기준이 되어왔다. 라펠의 폭에 따라서 클래식에서부터 캐주얼까지 다양한 코디가 가능한 라펠의 종류로 일상용으로 적합하며 큰 체격은 폭이 좁은 내로우 노치드 라펠은 피하는 것이 좋다.

⑤ **피크드 라펠**(Peaked Napel)

피크드는 봉우리라는 뜻으로 100년 역사의 라펠로 전통적으로 격식을 갖추는 자리에 많이 입었으며 노치드 라펠에 비해 드레시한 느낌을 준다. 더블브레스트 슈트에 기본이 되며 고전적인 이미지를 잘 표현해 주는 형태로 라펠의 끝부분이 뾰족하게 위로 향하는 모양이 특징이다. 남성미와 함께 가슴을 더 우람하게 보여주는 효과가 있습니다. 상의에 시선을 고정시켜 키가 작은 사람들에게는 시각적 효과를 줄 수 있고 슬림한 느낌을 줘서 체형이 큰 사람에게도 추천하는 디자인이다.

⑥ **숄 칼라**(Shawl Collar)

숄 롤이라고 불리기도 하며 칼라와 라펠이 나뉘지 않아 숄을 걸친 것 같이 보이는 라펠이다. 라펠이 전체적으로 둥글게 떨어지는 특징을 가졌다. 턱시도 같은 예복이나 큰 공식행사에서 유용한 스타일로 새틴 실크 또는 벨벳이나 컬러가 다른 소재로 포인트를 넣어 화려하게 연출할 수 있다.

3) 스리피스 슈트(Three-Piece Suit)

스리피스 슈트는 슈트와 같은 원단으로 된 조끼(Vest)가 포함된 슈트로 완벽한 격식을 차린 의상이다. 남성복의 트렌드가 캐주얼하게 변하면서 점차 사라져가고 있어 주로 결혼식의 예복으로 착용한다. 스리피스의 생명인 조끼는 재킷을 벗어도 품위를 유지할 수 있는 것은 물론이고 슈트의 착용감을 높이고, 체형을 잡아주어 날씬하게 만들어주는 등 많은 장점이 있다. 셔츠는 기본적으로 속옷의 개념이기 때문에 손님을 맞이하거나 격식을 갖추어야 할 자리에서는 조끼를 착용하는 것이 예의이다. 그 개념이 희박한 우리나라에서는 셔츠 차림으로 비즈니스를 하는 불상사가 생기기도 한다. 정장의 트렌드가 많이 캐주얼 해졌다고 해도 때와 장소에 맞게 격식을 갖추는 리더의 덕목은 중요하다.

조끼는 성숙한 이미지를 주기 때문에 너무 동안이거나 중년이라면 눈여겨보아야 할 클래식한 아이템이다. 몸에 꼭 맞게 입어 배가 나온 체형은 실루엣을 잡아주고 왜소한 체형은 가려주는 장점이 있다. 투 버튼 재킷을 입었을 때 두 번째 단추가 보이는 것이 일반적인 착용법이며 단추를 다 풀었을 때 더 빛을 발휘한다. 재킷 단추를 풀었을 때 바지 벨트가 살짝 보이는 길이가 이상적이다.

중후한 이미지가 부담스럽거나 격식을 엄격하게 지켜야 할 자리가 아니라면 조끼의 색상이나 무늬를 바꿔 보는 것도 좋은 선택이다. 재킷보다 어두운 명도나 핀 스트라이프 무늬의 싱글 베스트를 착용하면 슬림 하고 단정한 느낌을 연출해 배가 나온 체형 보완에 아주 좋다. 재킷과 반대 색상 또는 명도가 높거나 체크무늬의 더블 베스트를 착용하면 젊고 밝은 이미지를 연출할 수 있고 특히 어깨가 좁고 마른 체형을 보완하는 데 좋다. 조끼를 어둡거나 단조롭게 착용했다면 넥타이에 강조점을 주고 조끼에 색상이나 무늬로 강조를 주었을 때는 넥타이가 너무 화려해지지 않도록 주의해야 한다.

4) 셔츠(Shirts)

모든 비즈니스맨의 옷장에서 찾아볼 수 있는 아이템은 흰 셔츠일 것이다. 흰 셔츠는 계절에 상관없이 입을 수 있으며 슈트 스타일의 기본이자 캐주얼 스타일에도 가리지 않고 언제나 입을 수 있는 가장 멋스러운 셔츠이다. '화이트 셔츠'의 일본식 발음인 '와이셔츠'라고 알려져 있지만 '드레스 셔츠'가 올바른 명칭이다.

맞춤 정장만큼 중요하다고 생각하는 것이 흰색 맞춤 셔츠이다. 기업들의 다양한 제품으로 잘 만들어진 기성품이 많지만, 체형은 매우 다양하기 때문에 목이 굵은 사람들은 맨 위 단추를 잠그지 못하는 불상사가 생기기도 하고 셔츠 품이나 팔 길이가 맞는 않는 경우도 많을 것이다. 기본 중의 기본이지만 소재나 스타일은 수십 가지라 책을 한 권은 거뜬히 쓸 정도로 종류가 매우 다양하다. 요즘에는 다양한 무늬나 색상으로 개성을 표현할 수 있다. 한 가지 정장 스타일에 다양한 스타일을 연출해 보는 것도 셔츠를 고르는 재미라고 할 수 있다.

서양 복식의 역사에서 셔츠는 속옷의 개념으로 셔츠에서 가장 신경 써야 할 것은 무엇보다도 청결이다. 새하얀 셔츠, 빳빳하게 잘 다려진 칼라는 착용한 사람을 빛나게 한다.

① **셔츠 칼라**(Shirts Collar)

셔츠의 정보를 찾아보면 온갖 명칭의 너무나도 다양한 칼라가 있다. 같은 셔츠라 하더라도 칼라의 모양에 따라 느낌이 전혀 달라질 수 있고 얼굴의 장점을 살리면서 단점을 보완할 수 있는 것도 칼라의 역할이다. 칼라의 종류는 세세하게는 50가지 이상으로도 구분될 수 있지만, 비즈니스 스타일에서 쓸 수 있는 칼라는 많지 않기 때문에 칼라의 끝과 끝 각도가 어떤 효과를 주는지만 파악하면 된다.

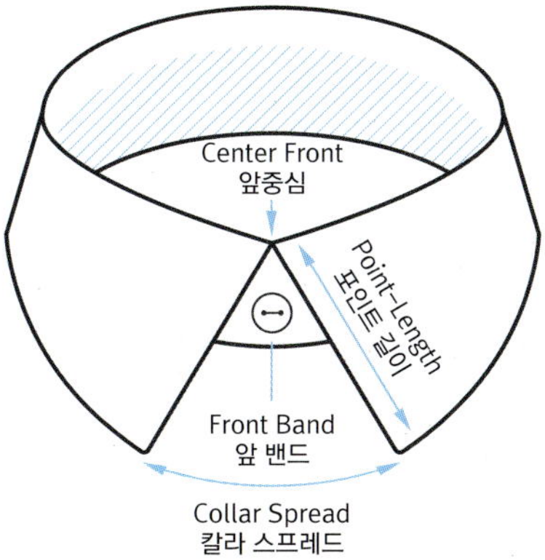

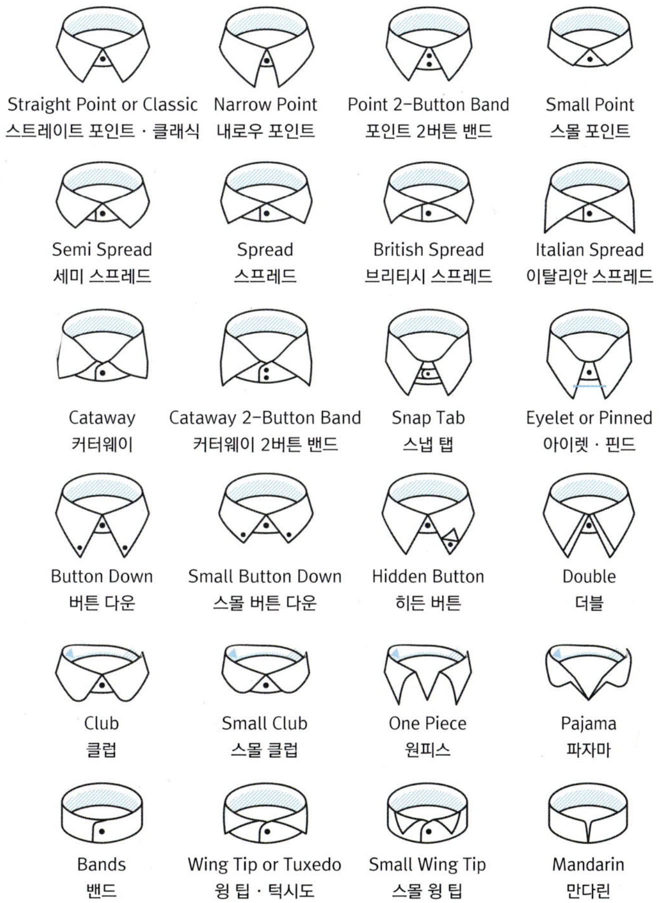

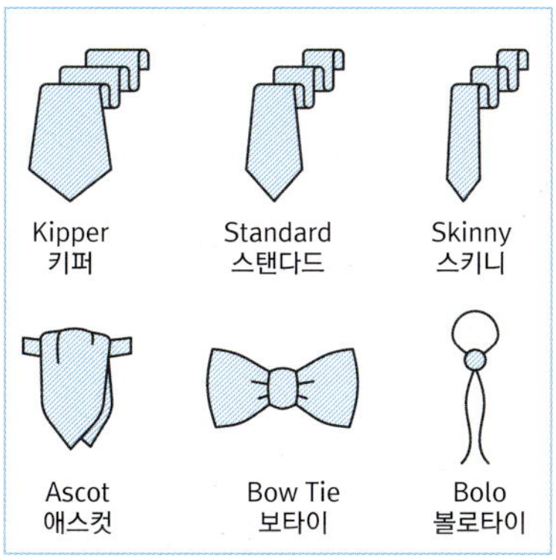

가장 먼저 기본적인 레귤러 칼라(Regular Collar)는 깃의 각도가 약 60도 정도로 제작된 칼라로 기성복 셔츠 칼라 디자인은 대부분 레귤러 칼라로 제작되어 있다. 흔한 디자인이기도 하지만 어디든 매치하기 좋은 칼라이다. 레귤러 칼라에 단추를 달아 제작되는 버튼 다운칼라도 있지만 버튼을 달면 드레시한 느낌보다는 캐주얼한 느낌이 강해져 격식 있는 자리에서는 금물이다.

얼굴이 둥글고 넓다면 세로로 긴 롱 포인트 칼라(Long Point Collar)를 선택해 시선을 세로로 넓혀주면 갸름한 느낌을 낼 수 있다. 시선을 아래로 분산시키면서 얼굴을 길게 보이는 효과를 준다. 얼굴형이 길고 각진 얼굴이라면 와이드 스프레드 칼라(Wide Spread Collar)처럼 칼라의 각도를 가로로 넓혀서 시선을 좌우로 분산시키면 부드러운 인상을 만들 수 있다. 영국의 윈저 공이 애용한 것에서 일명 '윈저 칼라'라고도 부르는 이 칼라는 굵은 넥타이와 매치하면 중후하고 고급스러운 느낌을 준다. 목이 긴 경우 칼라 스탠드의 높이를 높이면 목이 짧아 보이는 효과를 얻을 수 있다. 칼라를 선택할 땐 반드시 목둘레 부분도 써야 한다. 셔츠의 목둘레는 단추를 끝까지 잠갔을 때, 손가락 하나가 들어갈 정도가 가장 적당하다.

② 커프스(Cuffs)

정돈된 눈썹, 깔끔한 손톱처럼 스타일은 정장 소매 아래 1.5cm가 드러나는 커프스처럼 신경 쓰지 않으면 보기 어려운 디테일에서 나뉜다.

둥글게 떨어지는 커프스는 기본적인 스타일인 만큼 어디에나 잘 어울리지만, 특히 슈트와 함께했을 때 단정한 맛을 살릴 수 있다. 육각형 커프스는 기성복에서 가장 많이 사용되는 디자인 중 하나로 모서리 부분을 한 번 더 잘라낸 느낌이라고 해서 커트 커프스라고도 한다. 착용하였을 때 가장 깔끔하게 떨어지며 V 존 부분이 재킷 밖으로 보이면서 활동적인 분위기가 연출되어 손목에 시계 등의 액세서리와 함께 매치하기에 좋다. 칼라와 커프스는 겉옷의 오염을 방지하기 위해서 다소 길게 착용하는데 보통 1.5cm 정도가 가장 클래식하며 너무 많이 나오게 되면 옷의 전체적인 밸런스를 무너트리게 된다.

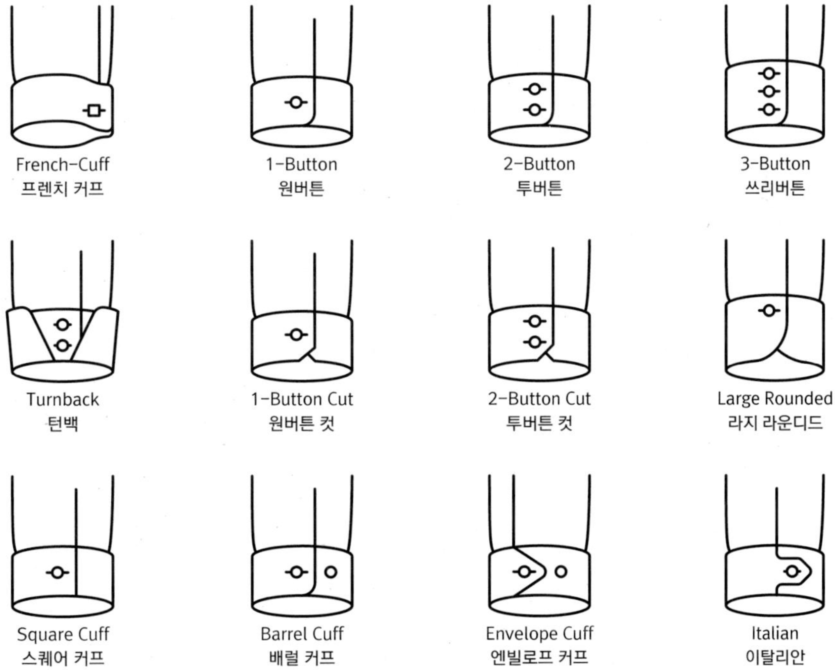

포멀하고 클래식한 느낌을 나타내고 싶다면 프렌치 커프스로 멋을 내는 것을 추천한다. 프렌치 커프스(더블 커프스)는 커프스가 두 겹으로 된 디자인으로 커프스단추가 따로 없기 때문에 커프스 링크를 사용한다. 커프스 링크를 따로 준비해야 한다는 불편함이 있지만, 다양한 디자인으로 여러 가지 원하는 이미지를 연출할 수 있고 고상한 기품과 세련미를 동시에 나타낼 수 있는 것이 프렌치 커프스의 장점이다. 단, 너무 화려한 보석으로 치장되어 있거나 독특한 스타일은 고급스러움을 망칠 수 있으니 무난하고 단순한 디자인을 고르는 것을 추천한다.

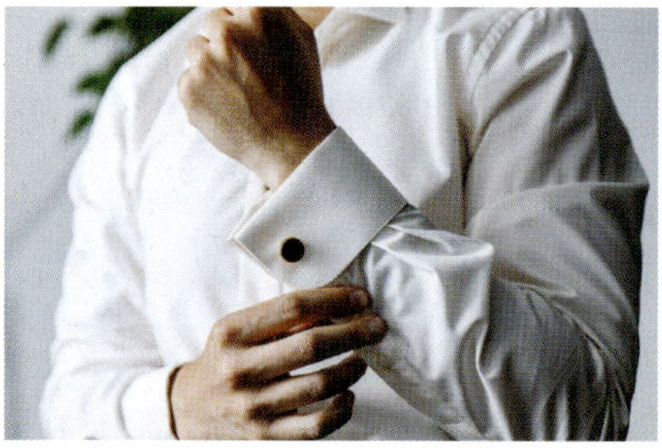

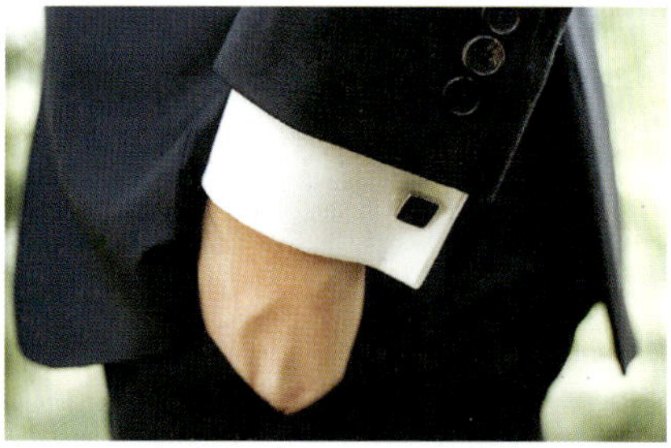

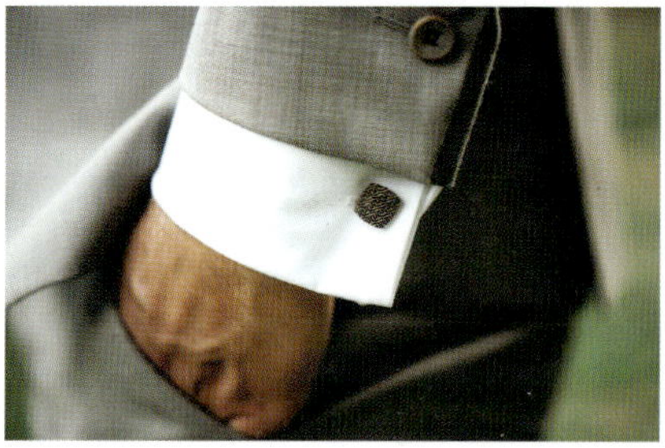

5) 넥타이(Necktie)

남성 정장의 꽃이라고 불릴 수 있는 넥타이는 첫인상과 전체의 인상을 좌우하는 V존의 핵심이다. 넥타이의 소재, 무늬, 두께, 모양 등에 고려해야 할 것이 많기 때문에 신중해야 한다. 넥타이를 고를 때 먼저 보이는 것은 무늬이겠지만 소재를 먼저 고르는 것이 좋다. 대표적인 넥타이 소재는 실크로 부드러운 촉감과 고급스러운 광택으로 인기가 많다. 플란넬이나 니트처럼 소재의 변화를 주는 것도 캐주얼한 이미지로 감각 있어 보인다.

정장과 셔츠가 단색일 경우 단순한 무늬가 있는 넥타이로 포인트를 주는 것이 좋다. 레드 계열 색상은 의욕적이고 열정적인 느낌을 주며 블루 계열은 젊으면서 스마트한 이미지를 준다. 보통 색상으로 포인트를 준다고 하면 고채도로 튀는 색을 매치해 전체 코디를 망치는 경우가 대부분일 것이다. 색상으로 포인트를 주는 것은 정말 어려운 스타일링이기 때문에 톤 온 톤 배색을 이용하는 것이 가장 안정적이다. 정장에 무늬가 들어가 화려할 경우 셔츠는 무늬가 없거나 적고 조직감이 있는 것을 매치하면 고급스러운 느낌을 주고 여기에 넥타이는 화려한 것을 선택하면 좋다. 넥타이의 색상은 정장과 유사하게 맞추고 채도를 높여 연출하면 안정되면서 세련된 이미지를 연출할 수 있다.

라펠의 넓이와 셔츠 칼라 모양과 크기 등도 잘 고려해야 한다. 넥타이의 매듭의 크기는 셔츠 칼라 너비에 맞추는 것이 정석이다. 라펠의 넓이가 좁고 레귤러 셔츠 칼라처럼 사이가 다소 좁은 경우 넥타이 폭도 좁은 것으로 고르고 매듭은 매듭 크기가 작은 플레인 노트를 적용하는 것이 안정적이다. 라펠의 넓이가 넓고 셔츠 칼라 폭이 스프레드로 점점 넓어질수록 넥타이도 폭이 넓은 것으로 고르고 매듭이 커지는 윈저 노트나 매듭 모양이 독특한 더블 크로스 노트를 적용하는 것이 좋다. 이때 얼굴 크기를 같이 고려해야 한다. 너무 작은 크기의 매듭은 큰 얼굴을 더욱 커 보이게 하며, 너무 큰 매듭은 시선을 넥타이로 빼앗기 때문에 주의해야 한다. 큰 매듭이 부담스럽다면 매듭 크기가 윈저 노트와 비교해서 상대적으로 작은 하프 윈저 노트로 멋스럽게 연출할 수 있다. 와이드 스프레드 칼라 또한 얼굴이 큰 사람과 목이 굵은 사람은 피해야 하고 세미 와이드 칼라까지가 좋다.

Classic
클래식

Semi-Spread
세미 스프레드

Spread
스프레드

Tab
탭

Cutaway
커터웨이

Narrow
내로우

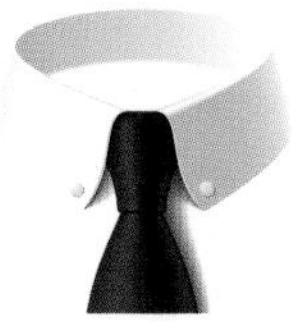
Button-Down
버튼 다운

Vintage Club
빈티지 클럽

Hidden Button
히든 버튼

Pre-Tie
프리 타이

Foir-in-hand Kont
포인핸드 노트

Pratt Kont
프랫 노트

Windsor Kont
윈저 노트

Skinny Tie
스키니 타이

Eldredge Kont
엘드리지 노트

Trinity Kont
트리니티 노트

Van Wijk Kont
밴윅 노트

Ascot Tie
애스컷 타이

Plastron Tie
플래스트런 타이

Ruche Tie
루슈 타이

Bolo Tie
볼로 타이

Butterfly Bow Tie
나비 보 타이

Batwing Bow Tie
배트윙 보 타이

Diamond Point Bow Tie
다이아몬드 포인트 보 타이

Club Round Bow Tie
클럽 라운드 보 타이

Windsor Knot : 윈저 노트

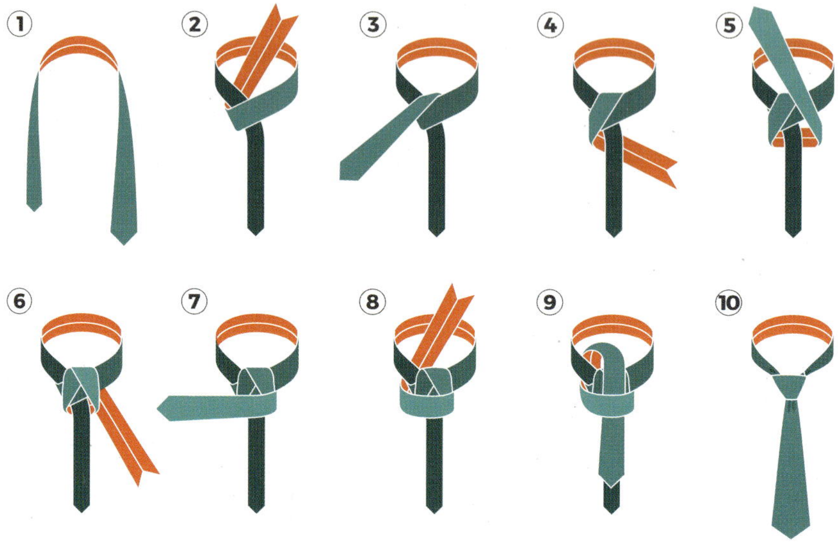

Half-Windsor Knot : 하프 윈저 노트

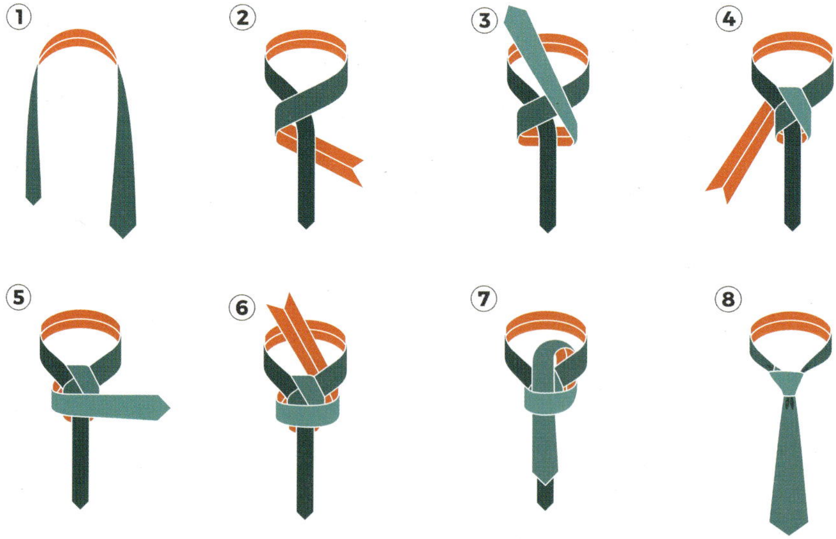

Four-I N-H and Knot : 포인핸드 노트

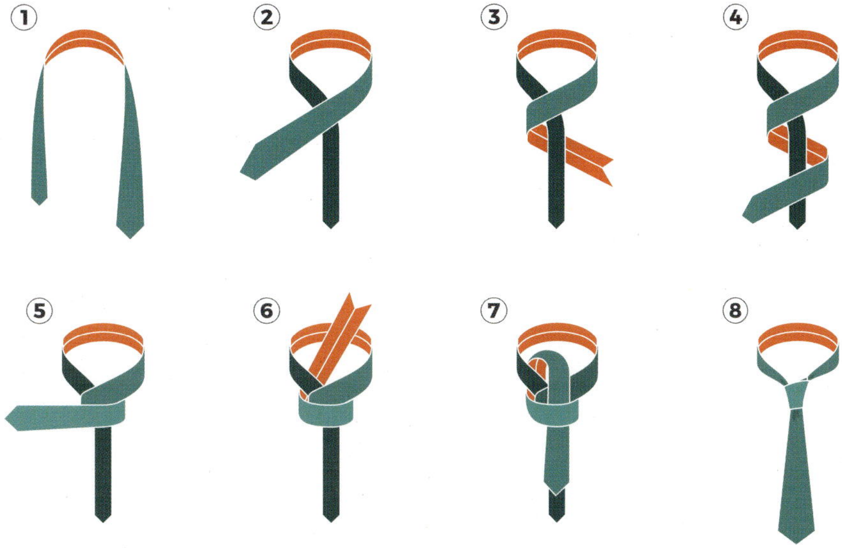

Prince Albert Knot : 프린스 알버트 노트

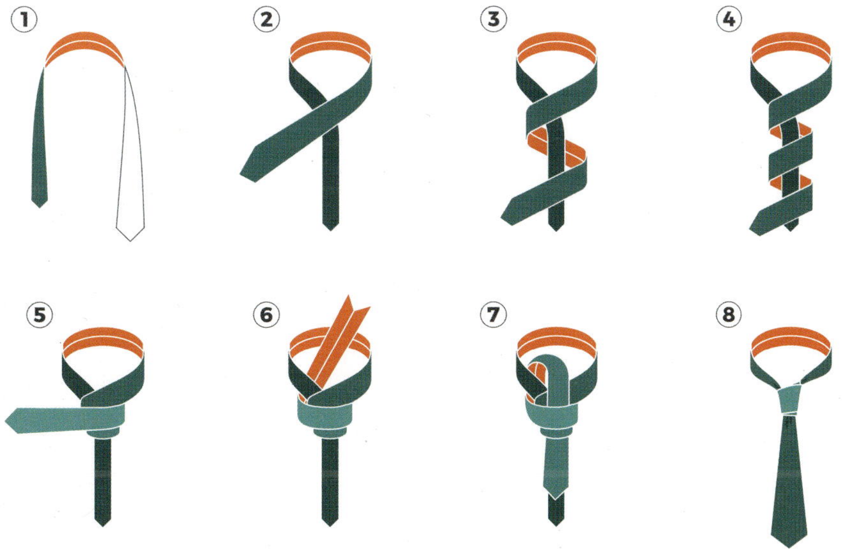

① 다양한 넥타이 패턴

• 솔리드(Solid)

한 가지 색으로 무늬가 없는 타이를 말하며, 방직 무늬가 있어도 단색이라면 솔리드라고 한다. 단순하지만 비즈니스에서 파티 스타일까지 착용할 수 있는 격조 높은 스타일의 만능 아이템이다. 무늬가 없어 소재의 선택이 중요하다. 광택이 심하지 않은 실크나 울 소재가 고급스럽다.

• 도트(Dot)

물방울 무늬라고도 하며, 솔리드와 같이 공식적인 자리에서 착용할 수 있는 격조 높은 기본 타이이다. 도트의 크기가 작을수록 포멀한 이미지를 주고 무늬가 커질수록 캐주얼한 느낌을 준다.

• 레지멘탈 스트라이프(Regimental Stripe)

색이 다른 굵은 사선의 패턴을 말하며, 영국의 연대에 붙어 있던 레지멘탈 무늬를 기원으로 한다. 세련되고 클래식한 이미지로 성실하고 믿음직스러운 인상을 주어 비즈니스에 적합하다. 무늬의 색상 대비가 강할수록 적극적이며 공격적인 이미지로도 보일 수 있다.

• 체크(Check)

격자무늬 타이 전반을 말하지만, 타탄 체크와 글렌체크 같은 영국 전통무늬는 클래식하고 고전적인 이미지로 트래디셔널 한 인상을 나타낼 수 있다.

• 풀라드(Foulard)

트윌 조직의 가벼운 실크 소재로 솔리드 바탕에 원형, 타원형, 다이아몬드 형태의 작은 무늬가 규칙적으로 배열된 디자인이다. 트랜디한 이미지로 드레시한 비즈니스 웨어에 어울린다.

• 페이즐리(Paisley)

스코틀랜드 페이즐리 지방에서 유래한 무늬이다. 낮은 채도나 명도의 디자인은 클래식하고 우아한 이미지로 포멀한 스타일이다. 밝은 색상의 디자인은 스포티하고 화려한 이미지를 준다.

6) 행커치프, 포켓스퀘어(Handkerchief, Pocket Square)

정장의 마지막 장식으로 포켓 스퀘어가 떠오르고 있다. 세계적인 클래식 복식의 유행으로 멋을 아는 남자들의 가슴 왼편에서 행커치프와 포켓 스퀘어를 간간이 찾아볼 수 있다. 하지만 우리나라 대다수의 남성들은 경직된 시선 때문에 포켓치프 꽂는 것을 부끄러워하거나 어려워하는 경우가 많다. 요즘 기성복에는 흰색의 작고 날렵한 포켓치프가 달려 나오고 있으니 조금씩 용기를 내봐도 좋을 것이다.

포켓치프를 고를 때는 정장과 타이의 색상, 형태를 잘 고려해야 한다. 너무 어렵게 생각할 것 없이 소재와 색상을 넥타이나 셔츠 색상에 맞추는 스타일이 가장 무난하다. 하얀색의 리넨은 정갈하면서 단정한 느낌을 나타낼 수 있다. 실크 소재는 은은한 광택으로 고급스러운 느낌을 주기 때문에 품위 있는 스타일에 도전하고 싶다면 페이즐리 문양으로 스타일링 해보는 것도 좋다.

7) 바지(Pants)

정장 재킷에 비해 패턴이나 디테일이 적어서 그런 탓인지 바지의 중요성은 잘 드러나지 않는다. 건축물에서 기둥이 중요한 위치이듯이 다리는 인체 비율에서 가장 큰 역할을 가지고 있다.

바지에서는 주름과 길이, 두 가지를 꼭 고려해야 한다. 주름의 종류에는 플랫 프런트 팬츠(Flat Front Pants), 노 턱 팬츠(No Tuck Pants)로 주름이 없는 스타일과 플리츠(Pleats)주름이 들어간 스타일로 나눌 수 있다. 주름이 없는 스타일은 날렵한 느낌을 주지만 엉덩이가 크거나 허벅지가 굵은 체형은 주름이 하나 이상 들어간 바지를 선택해야 한다. 보통 영국 복식에서는 양쪽에 두 개의 주름을 넣는 투 플리츠 팬츠(Two Pleats Pants)가 기본이다. 주름이 들어간 바지는 우아한 느낌을 주며 바지통이 넓어 편안하게 입을 수 있다. 다리가 굵은 체형뿐만 아니라 다리가 지나치게 말라서 빈티나는 체형도 보완해 준다.

우리나라 중년 남성들의 정장 바지 길이는 구두 굽을 덮을 정도로 너무 길게 입는 경향이 있다. 정장 바지의 올바른 길이는 구두 2/3 정도 내려오는 길이로 가만히 서 있을 때 뒷모습은 주름 없이 곧게 내려와 구두 뒤꿈치에서 2 ~ 3cm를 덮는 길이에 발목 앞쪽으로 살짝 주름이 접히는 모양이어야 한다. 특히 동양인은 서양인에 비해 다리 길이가 짧기 때문에 서양 복식인 정장을 그대로 입기에는 불편함이 있다. 기성복을 수선 없이 그대로 입었을 때 대부분 길이가 길어 종아리에 주름을 만들어 어정쩡한 느낌을 주거나 다리가 휘어 보일 수 있다. 일명 아저씨 스타일로 바지 길이가 너무 길어 주름이 많이 지면 시선이 아래로 향하기 때문에 키가 더 작아 보이면서 둔해 보인다. 양말이 보일 정도로 짧은 길이는 캐주얼 해지면서 붕 뜬 느낌을 주기 때문에 격식 있는 정장 스타일에서는 금기이다.

밑단을 접어 커프스 장식을 낸 턴 업(turn-up)은 영국 복식에서 시작해 클래식함을 추구하는 신사들에게 지금까지도 사랑받고 있다. 접어 올려 두꺼워진 바지의 밑단이 중심을 잡아주기 때문에 펄럭거림을 방지해 준다. 대신 다리 비율에 분리가 생기기 때문에 커프스 크기를 줄이거나 키가 작고 다리가 짧은 체형은 피해야 한다.

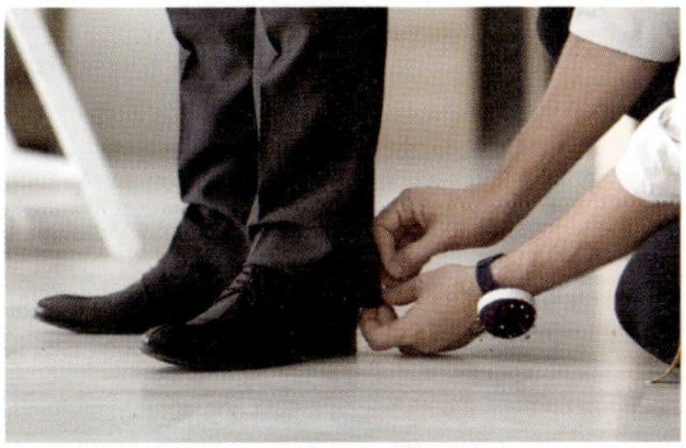

8) 벨트, 서스펜더(Belt, Suspender)

벨트는 얼굴의 중심인 코에 비유할 수 있다. 보통 벨트는 넥타이에 살짝 가려져 있거나 재킷에 가려져 있어 겉옷을 벗어야만 보이지만 언뜻 드러나는 그 순간에 품격이 나타난다. 그런 만큼 튀지 않고 은근하게 드러나야 한다. 브랜드의 로고가 커다랗게 보이는 벨트는 피해야 하고 최대한 단순한 디자인이 바람직하다. 폭은 3cm, 길이는 허리둘레 +10 ~ 15cm 정도 길이로 캐주얼 벨트보다 짧은 길이가 좋다. 소재는 가죽으로 여러 가죽 소재가 있지만 무늬가 잘 드러나지 않고 늘어나지 않는 튼튼한 가죽이 좋다. 벨트 색상은 보통 구두 색상과 맞추는 것이 일반적이고 금속 버클의 색상은 시계 색상과 맞추는 것이 산만해 보이지 않고 단정해 보인다.

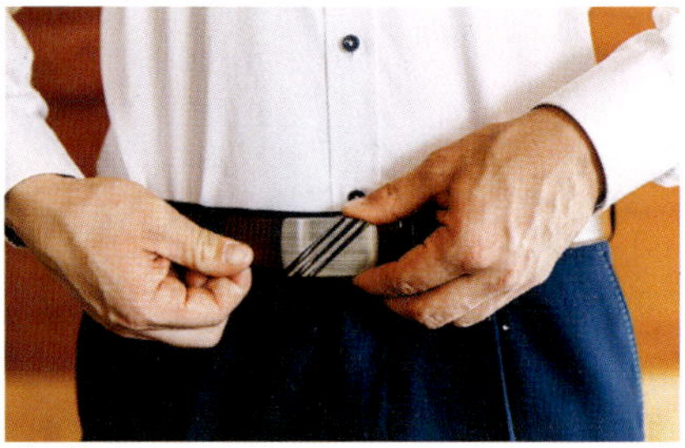
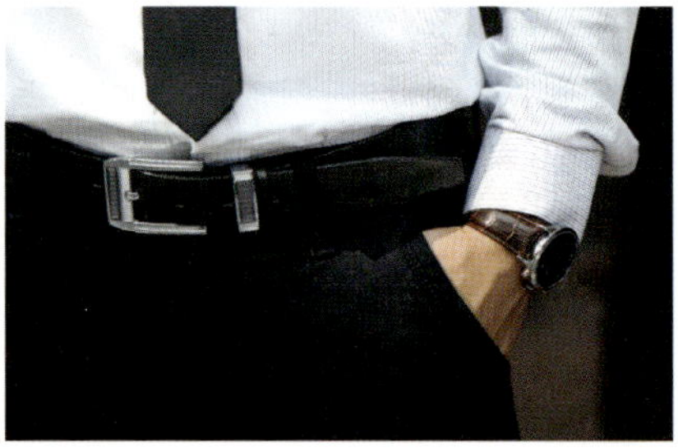
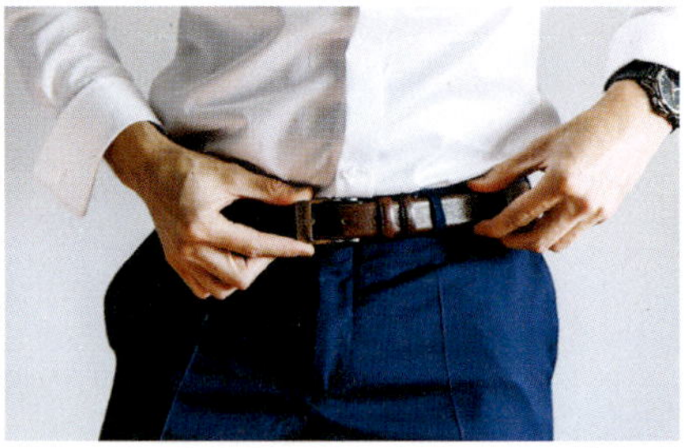

배가 많이 나와 벨트를 했을 때 배가 조여 보이거나 벨트가 흘러내리는 체형에는 서스펜더를 추천한다. 서스펜더는 벨트를 대신하는 것이기 때문에 벨트와 같이 착용하지 않는다. 벨트는 가로로 상체와 하체의 구분 선을 만들어준다면 서스펜더는 세로로 긴 선을 만들어주기 때문에 상체에 살이 많거나 배가 나온 체형에 도움이 된다. 또 체형에 따라 두께를 달리해야 한다. 상체가 발달한 체형은 두께를 두껍게 해주고 마른 체형은 얇게 매치해야 단점이 드러나지 않는다. 단추로 바지와 연결하는 것이 기본으로 클립형은 캐주얼하게 연출할 수 있다.

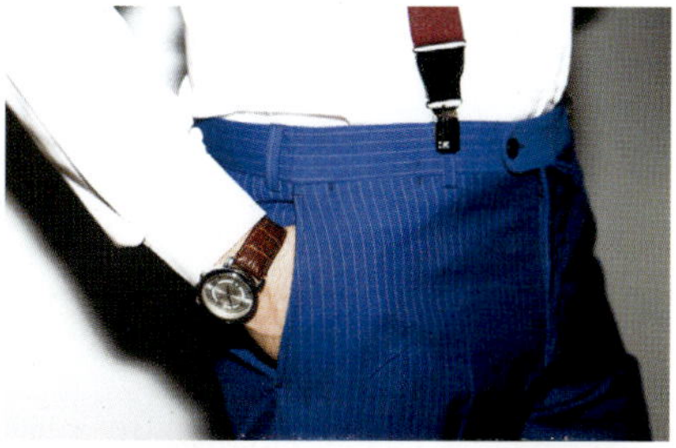

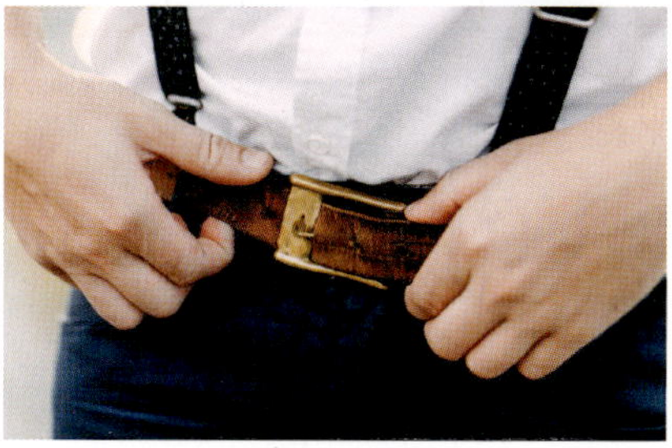

9) 구두(Shoes)

정장 스타일링의 마침표는 구두를 어떤 것을 신느냐에 달렸다. 서비스업에서 일하는 사람들이 남성을 판단할 때 제일 먼저 보는 것이 구두라고 했을 만큼 구두는 꼭 좋은 것으로 하나 구입할 필요가 있다. 좋은 가죽의 구두는 간단한 손질만 해주면 오래 신기 때문에 검은색과 갈색 구두 하나씩 구비해 두면 좋다.

플레인 토 옥스퍼드(Plain Toe Oxford) 디자인은 발끝에 아무것도 장식되지 않은, 글자 그대로 아무 디자인이 들어가지 않은 디자인 구두의 총칭이다. 깔끔한 인상을 주는 길쭉한 발 모양은 비즈니스에서 캐주얼까지 폭넓은 스타일에 사용할 수 있기 때문에 가장 기본적인 구두로 추천하는 디자인이다. 발이 슬림 해 보이는 효과가 있으나 발볼이 넓거나 발등이 높은 사람은 착용감이 불편할 수 있다.

더비(Derby)는 영국식 명칭이며, 미국식 명칭으로는 블루처(Blucher)이다. 레이스업 구두끈이 달린 가죽을 덧대어 앞 날개가 달린 구조로 신고 벗기가 편한 디자인이 특징이다. 발볼이 넓거나, 발등이 높은 사람이 편하게 신을 수 있는 신발이니 구두가 불편한 분들은 더비를 추천한다.

스트레이트 팁 옥스퍼드(Straight Tip Oxford)는 발끝에 '토 캡'이라고 불리는 보강용 가죽을 가로로 一자 형태로 덧씌운 신사 구두의 대표적인 디자인이다. 특히 검은색은 범용성이 우수하며 클래식한 느낌을 한층 살려주는 구두이다.

웡 팁 옥스퍼드(Wing Tip Oxford)는 구두코 부분에 W 형태의 재봉선을 낸 구두로 날개를 펼친 새의 모양을 닮았다 하여 '윙 팁'이라고 부른다. 구두 앞코에 장식된 구멍 장식인 브로그(Brogue)가 특징이며 윙 팁은 캐주얼에서 빛을 발하지만, 클래식 정장에 매치했을 때 세련미를 더해주는 구두이다. 검은색 구두보다는 갈색 구두에서 모양이 더 잘 보이기 때문에 장식적인 느낌을 좋아하는 멋쟁이들이 선호한다.

몽크 스트랩(Monk Strap) 구두는 수도승이 신발에서 유래된 구두로 끈 대신 버클 장식으로 발등 부분을 장식한 것이 특징이다. 버클이 1개인 싱글 몽크 스트랩(Single Monk Strap)과 2개인 더블 몽크 스트랩(Double Monk Strap)이 있다. 끈이 없는 슬립온(Slip-on) 스타일 구두 중에서 유일하게 포멀하게 신을 수 있는 스타일로 비즈니스 구두로 맞진 않지만 비즈니스 캐주얼로 연출하기 좋다.

구두 색상을 고를 때 크게 검은색과 갈색 두 가지로 나눌 수 있다. 격식 있는 자리나 비즈니스용이라면 검은색, 남색, 짙은 회색 정장에 검은색 구두를 선택하는 것이 바람직하다. 갈색 구두는 영국에서 클래식 스타일의 기본이다. 드레시하고 클래식한 밝은 회색, 갈색의 정장과 어울리며 색상과 톤의 스펙트럼이 넓어 선택의 폭이 아주 넓다. 양말은 멋 내는 것이 아니라면 신발보다 꼭 어두운색으로 매치해야 하고 길이는 긴 것으로 신어야 한다. 패션업 종사자가 아니라면 발목 양말이나 양말을 신지 않는 것은 절대 금물이다.

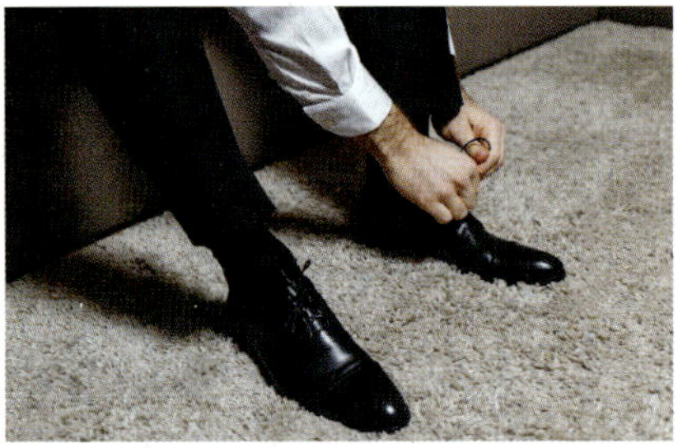

10) 손목시계(Watch)

착용자의 취향이 확고하게 드러나는 손목시계는 시계 브랜드의 역사와 스토리를 알아야 하며 본인의 이미지에 맞게 착용해야 한다. 정장에 어울리는 시계는 너무 크거나 화려해선 안된다.

드레스 워치(Dress Watch)는 전통적으로 정장 차림에 잘 어울리도록 디자인된 고급스러운 시계이다. 헤드는 보통 원형이고 정사각형이나 직사각형의 단정한 디자인으로 가죽 밴드를 사용한다. 기본적으로 가죽 밴드의 색상은 벨트 색상과 맞추며 검은색과 어두운 갈색이 바람직하다. 금속 손목시계는 벨트의 버클 색이나 다른 금속 장식과 색을 맞춰야 하고 지나치게 화려한 디자인은 피해야 한다.

11) 코트(Coat)

외투의 종류가 다양해지고 요즘 트렌드가 코트를 잘 입지 않는 방향으로 가고 있지만 신사의 품격을 나타낼 외투는 코트를 대신할 것이 없다. 코트를 사면 겨울철 내내 입기 때문에 그 사람의 이미지가 된다. 고전적인 디자인의 코트가 없다면 꼭 하나쯤 장만하는 것을 추천한다. 전통적인 체스터필드 코트(Chesterfield Coat)는 베이지색 모직에 검은색 벨벳 칼라가 달리고 길이는 무릎까지 온다. 허리 라인이 들어가 날씬해 보이면서 어깨가 넓고 당당해 보인다. 체스터필드 코트(Chesterfield Coat)는 재킷과 같이 싱글과 더블 여밈 두 종류로 나눌 수 있다. 마찬가지로 싱글은 슬림한 효과를 주고 더블은 드레시하면서 마른 체형에 좋다. 허리 라인이 없고 일자 라인으로 떨어져 무릎길이의 세미 체스터 필드 코트(Semi-Chesterfield Coat)는 조금 더 편하게 입을 수 있다. 블랙 코트는 어떤 정장과도 무난하게 잘 어울리기 때문에 활용도가 좋다. 네이비색은 슬림하면서 세련되고 젊은 이미지를 주며, 베이지, 그레이와 체크무늬의 코트는 클래식하면서 패셔너블한 영국 신사의 이미지를 준다.

코트는 깃을 세우면 세련미가 떨어지기 때문에 방한을 위해서라면 머플러와 스카프를 매치하면 좋다. 그래도 깃을 포기할 수 없다면 나폴레옹칼라가 달린 코트를 추천한다. 목이 길고 마른 체형에 어울리며 목이 짧고 두꺼운 체형은 피하는 것이 좋다. 칼라가 넓은 피 코트형 코트는 왜소한 체형을 보완해 주지만 길이가 짧은 오리지널 스타일은 피하는 것이 좋다.

정장에 잘 어울리는 코트로 트렌치코트(Trench Coat)는 빠질 수 없는 가을 필수 아이템이다. 트렌치코트는 남녀노소 누구나 잘 어울리지만, 정장에 맞춰 세련되게 입으려면 장식이 가장 적은 것으로 골라야 한다. 무릎 아래 길이는 세련되고 키가 커 보이는 효과를 주지만, 키가 작다면 무릎길이로 선택해야 한다. 무릎 위로 올라오는 길이는 너무 캐주얼 해 보이므로 정장과 매치한다면 되도록 길게 입는 것이 바람직하다.

12) 퍼스널 컬러와 이미지에 따른 정장 스타일링

① 세련된, 젊은, 지적인 - 봄 유형

② 세련된, 젊은, 지적인 - 여름 유형

③ 세련된, 젊은, 지적인 - 가을 유형

④ 세련된, 젊은, 지적인 - 겨울 유형

⑤ 고급스러운, 기품있는, 중후한 - 봄 유형

⑥ 고급스러운, 기품있는, 중후한 - 여름 유형

⑦ 고급스러운, 기품있는, 중후한 - 가을 유형

⑧ 고급스러운, 기품있는, 중후한 - 겨울 유형

⑨ 친근한, 편안한, 자연스러운 - 봄 유형

⑩ 친근한, 편안한, 자연스러운 - 여름 유형

⑪ 친근한, 편안한, 자연스러러운 - 가을 유형

⑫ 친근한, 편안한, 자연스러 겨울

캐주얼

1) 재킷(Jacket)

① 블레이저(Blazer)

블레이저는 콤비 상의를 총칭하는 재킷으로 비즈니스 룩뿐만 아니라 캐주얼룩까지 폭 넓게 입혀진다. 해군 복식에서 유래했다는 설과 옥스퍼드 대학과 케임브리지 대학의 보트경기(Oxford vs Cambridge University Boat Race) 유니폼에서 유래했다는 설이 있다. 두 의상 모두 더블 금장의 단추가 특징으로 이후 색상과 소재가 다양해지면서 지금까지 캐주얼과 클래식 룩에 가장 기본적인 아이템으로 사랑받고 있다. 블레이저는 격식 있는 정장 재킷은 아니지만 단정하고 품위 있는 분위기를 준다. 특히 네이비 블레이저는 캐주얼의 기본이자 전 세계 남성들에게 사랑받는 아이템이다. 유럽 남성들은 네이비 블레이저에 회색, 베이지색 바지를 매치해 입는다. 흰색의 윈도 체크가 들어간 네이비 블레이저에 흰색이나 아이보리색의 바지를 매치해 산뜻한 느낌을 줄 수 있다. 하체가 발달한 체형은 회색 블레이저에 검은색 팬츠를 매치해 단정하고 세련된 룩을 완성할 수 있다. 우리나라에서는 유독 검은색 사랑이 유별난 것 같다. 가장

무난하고 기본이 되는 색이긴 하지만 검은색 블레이저가 있다면 다른 여러 색상과 무늬로 다양한 스타일을 즐기는 것을 추천한다.

블레이저를 바지와 같은 원단이나 같은 색으로 매치할 때, 소재를 울 같은 정장 소재로 선택한다면 단정하고 포멀한 느낌을 주며 면이나 리넨 같은 천연소재로 선택한다면 캐주얼하고 내추럴한 이미지를 준다. 키가 작은 체형은 상, 하의의 색을 통일하면 키가 작아 보이기 때문에 넥타이에 포인트를 주어 시선을 위로 올리거나 벨트로 상, 하의를 분리해서 비율을 나눠주는 것이 좋다. 키가 큰 체형은 상, 하의를 비슷한 색으로 맞추거나 신발에 포인트를 주면 좋다. 또 상, 하의 어느 곳에 무게를 주는지에 따라 다른 느낌을 낼 수 있다. 상의는 밝게 하의는 어둡게 매치하면 무게중심이 아래로 형성되어서 안정적인 느낌을 준다. 상체가 강조되어 어깨가 넓어 보이고 얼굴로 시선이 가기 때문에 어깨가 좁고 하체가 고민인 체형에 좋다. 반대로 상의를 어둡게 하고 하의를 밝게 매치하면 무게중심이 위에 위치하기 때문에 불안정한 느낌을 주는데, 이 불안정함이 새롭고 신선한 느낌을 주어 젊고 활동적인 이미지를 나타낼 수 있다. 시선이 아래로 내려가기 때문에 상체가 뚱뚱하거나 배가 나온 체형을 보완하기에 좋다.

② **가죽 재킷**(Leather Jacket)

가죽은 카리스마를 나타낼 때 제격인 아이템이다. 천연가죽은 질이 좋은 것을 선택하면 간단한 관리로 오래 입을 수 있다. 부드러운 촉감과 은은한 광택으로 고급스러운 장점이 있지만 주기적인 관리가 필요하며 착용감이 무겁다는 단점이 있다. 최근에는 환경 보호 운동으로 합성 가죽이나 인공 가죽이 에코 레더 또는 비건 레더로 불리며 인기를 누리고 있다. 인공 가죽은 예전에는 반짝임이 심한 싸구려의 이미지가 있었지만, 기술이 발전하면서 여러 가죽의 모양과 무늬, 색을 다양하게 만들 수 있고 가볍다는 장점이 있다. 천연가죽에 비해 통풍이 잘되지 않고 부주의하면 건조해진 부위가 바스러지기 때문에 관리가 필요하다는 단점이 있다.

단단한 소재로 상체를 날씬하게 만들어주는 가죽 재킷은 청바지, 치노 팬츠와 같은 베이직한 옷들과 입으면 세련되게 연출할 수 있다. 보통 가죽 재킷이라고 하면 라이더 재킷을 떠올리지만 블레이저 타입으로 자연스러운 멋을 살릴 수 있다. 광택이 적은 가죽이나 스웨이드 소재에 셔츠, 얇은 니트, 터틀넥 니트를 매치하면 좋다. 또 하나는 세계대전 때 공군 조종사들이 처음 착용한 것에서 명칭이 유래한 봄버 재킷(Bomber Jacket)이다. 기장은 허리길이에 품은 넉넉하고 소매 단과 밑단에 밴드가 달린

모양으로 허리선 바로 아래 길이에 맞춰 입어야 스타일리시한 느낌을 살릴 수 있다. 디자인 특성상 배가 나와 보일 수 있어 핏이 잘 맞고 허리선이 들어간 것으로 선택해야 한다. 길이가 긴 가죽 코트는 디자인이 단순한 것이 좋고, 안에 입는 옷의 색을 겉옷에 맞추거나 어둡게 입는 것이 좋다. 가죽을 매치할 때 주의할 점은 상, 하의 전부 가죽으로 매치하지 않는 것이다. 벨트 같은 액세서리도 다른 색이나 소재로 변화를 주는 것이 세련됨으로 가는 지름길이다. 검은색은 압도적인 카리스마를, 갈색 계열은 부드럽고 중후한 이미지를 나타낼 수 있다.

③ **트렌치코트**(Trench Coat)

트렌치코트는 정장, 캐주얼 어느 스타일에서나 활용하기 좋은 아이템이다. 트렌치코트는 디자인이 아주 다양해서 잘 골라야 하지만 새로 구매한다면 최대한 클래식한 디자인으로 고르는 것이 좋다. 청바지와 매치해서 경쾌한 느낌, 체크무늬 슬랙스를 매치해서 고전적이고 세련된 느낌을 다양하게 연출할 수 있다. 재킷같이 짧은 길이로 디자인한 트렌치 잭은 아주 캐주얼하고 활동적인 느낌을 주고 키가 작은 체형에 잘 어울린다. 키가 큰 체형은 길이를 길게 입어 세련된 이미지를 살리면 좋다.

비슷한 코트로 레인 코트(Rain Coat)가 있는데 보통 래글런 소매에 한 줄의 싱글 여밈으로 된 것이 특징이고 영국에서는 트렌치코트보다 많이 입는다. 개버딘 같은 면 소재뿐만 아니라 발수 기능이 있는 기능성 소재나 PVC 소재 등 재질도 다양하며 비가 오지 않는 때에도 먼지를 막아주는 더스터 코트(Duster Coat)나 봄·가을바람막이 코트로 입을 수 있다.

④ **사파리 부시 재킷**(Safari Bush Jacket)

일명 사파리 재킷이라고 불리며 아프리카의 밀림이나 수풀지대에서 수렵하는 사람들을 위한 재킷으로 디자인되었다. 대개 아래와 위에 4개의 주머니가 만들어져 있고, 셔츠나 테일러드 칼라에 엉덩이까지 내려오는 약간 긴듯한 길이에 벨트를 매는 것이 특징으로 소재는 코듀로이나 데님 같은 것으로 만들어져 내구성이 좋아 아웃도어 룩으로 활용하기에 제격이다. 주머니가 좌우 대칭으로 위치하면 양쪽으로 시선을 나누기 때문에 배가 나온 체형에 좋고 주머니가 큼직하게 들어가 마른 체형 보완에도 좋다.

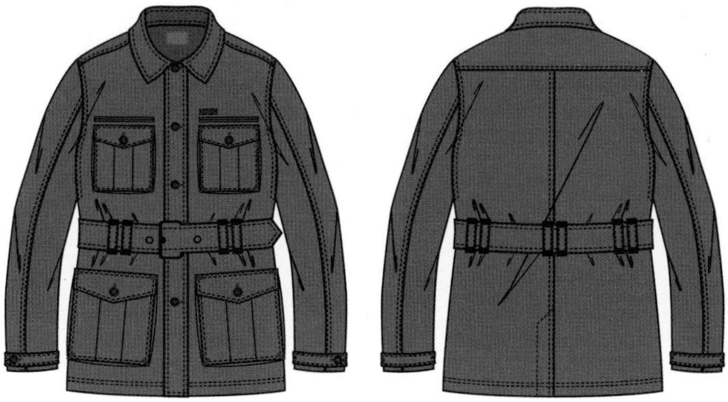

⑤ **진 재킷**(Jean Jacket)

일명 데님 재킷이라고 불리며 전통적인 것은 허리길이이고 양팔에 패치나 플랩 포켓으로 되어있다. 전체적으로 독특한 트리플 스티치를 특징으로 싱글 단추 여밈으로 되어있다. 요즘에는 각종 재킷이나 코트의 디자인을 데님으로 제작하기도 한다. 데님은 어떤 캐주얼 아이템에나 다 잘 어울리며, 일명 청청 패션을 잘 입으려면 한 가지 색으로 맞추지 말고 톤 온 톤 배색으로 명도 변화를 주어 코디하면 실패하지 않는다. 키가 작은 체형은 허리길이에 맞춰 입어야 하고 키가 큰 체형은 길게 오버사이즈로 코디하면 좋다.

⑥ **피 코트**(Pea Coat)

더블 브레스티드로 길이가 짧은 스포티한 코트로 영국 해군의 선원용 코트로 사용되었으며, 앞섶이 좌우 어느 쪽이나 여밀 수 있게 되어 있다. 큰 리퍼 칼라와 양쪽 옆 주머니 위에 머프 포켓이 달린 것이 특징이다. 칼라 크기가 크기 때문에 상체가 당당해 보이고 어깨가 넓어 보이는 효과가 있다. 길이가 짧은 피 코트는 키가 작은 체형을 보완해 주고 더블 브레스티드로 마른 체형에 좋다.

⑦ **오버 사이즈 재킷**(Oversize Coat)

몸에 꼭 맞는 사이즈보다 훨씬 큰 사이즈의 재킷으로 길이는 종아리까지 내려온다. 볼륨이 있는 이너와 빅 코트를 함께 연출하는 것으로 빅 룩(Big Look)을 표현할 수 있다. 키와 덩치가 큰 체형에 잘 어울리며 어깨선이 내려가 있어 키가 작거나 어깨가 좁은 체형은 오히려 더 왜소해 보인다. 키가 크고 마른 체형은 여러 겹 겹쳐 입는 레이어드 룩(Layered Look)을 표현할 수 있으며, 두꺼운 소재보다는 얇은 소재를 여러 겹 입는 것을 추천한다.

2) 상의(Top)

① 캐주얼 셔츠(Casual Shirts)

캐주얼 셔츠는 드레스 셔츠보다 훨씬 다양한 칼라와 소재로 표현할 수 있다. 칼라가 차지하는 비중이 큰 만큼 칼라에만 변화를 줘도 이미지가 확 달라지기 때문에 중요하다.

먼저 버튼다운칼라 셔츠 스타일은 아이비 셔츠에서 많이 볼 수 있는데, 옥스퍼드 셔츠라고도 한다. 미국 동부의 8개 대학 축구의 아이비리그에서 온 말이며 이 학생들이 즐겨 착용한 데서 유래되었다. 깃은 끝이 뾰족하고 롱 포인트 형이며 깃 끝을 단추로 잠그는 버튼 다운으로 제작된다. 칼라를 고정하는 단추가 단정함을 유지하는 실용적인 측면도 있지만, 동시에 캐주얼하게 니트를 받쳐 입을 때엔 넥타이를 하지 않아도 그 자체가 스타일 포인트로 작용한다. 다만 그만큼 시선이 가게 되므로 포멀한 정장보다는 캐주얼에 어울리는 셔츠 칼라 스타일이다.

색다른 느낌을 주고 싶다면 쇼트 칼라나, 차이나 칼라는 좋은 선택이다. 시선에서 반 칼라의 2/3 정도 길이를 가진 쇼트 칼라는 시선을 오래 끌지 않아 젊고 활동적인 분위기를 주고, 옷깃이 목을 둘러 감싸는 차이나 칼라는 단정하고 편안한 느낌을 줄 수 있다. 네크라인이 단정해서 경쾌한 느낌을 주어 여름에 착용했을 때 시원한 느낌으로 빛을 받는 칼라이다. 목이 굵거나 짧은 체형은 칼라 깃 없이 목둘레를 감싸는

스탠드만 있는 차이나 칼라 셔츠를 추천한다. 단추를 풀어 오픈했을 때도 너풀거리는 칼라 깃이 없어 깔끔한 인상을 줄 수 있다. 스탠드가 넓으면 더욱 답답해 보일 수 있으니 자신의 목 길이와 둘레에 맞게 짧은 길이의 디자인을 선택해 주는 것이 좋다.

② 니트(Knit)

니트는 「뜨다, 짜다」라는 동사인데, 단독으로 니트라고 하면 「짜진 물건 · 짜진 제품」을 의미한다. 니트는 신축성이 있어 입기 편하고 잘 구겨지지 않아 몸의 라인을 잘 드러낸다는 특성이 있다. 게이지나 실의 두께에 따라 겨울에만 입는 것뿐만 아니라 여름용 니트와 티셔츠도 세련되게 연출할 수 있다. 로 게이지(Low Gauge)로 듬성듬성 짜여 느슨한 니트는 함기성(含氣性)이 있어 따뜻하고 공예적 · 수예적 감각으로 편안하고 내추럴한 이미지를 준다. 하이 게이지(High Gauge)로 촘촘하게 짜인 티셔츠나 폴로셔츠, 여름용 니트는 활동적이고 캐주얼한 느낌을 준다.

- 니트 조끼(Knit Vest)
  목둘레와 암홀 진동이 넓은 소매 없는 스웨터로 다른 의복 위에 겹쳐 입어서 연출한다. 니트 베스트는 정장과 매치하면 캐주얼하고 편안한 느낌을 준다. 조끼를 매치할 때 배가 나온 체형은 꼭 겉옷보다 어두운색을 입어야 하고 마른 체형은 겉옷보다 밝은 색으로 입어야 한다. 게이지가 촘촘하더라도 너무 얇은 두께의 니트는 체형을 더 드러내기 때문에 주의해야 한다.

• 카디건(Cardigan)

카디건은 카디건 가문 7대 백작인 카디건 백작(Earl of Cardigan), 제임스 토마스 부룬델(James Thomas Brudenel, 1797 ~ 1868)이 1853 ~ 1856년 크림전쟁(Crimean War) 당시 추운 날씨에 부상당한 병사들을 치료할 때 쉽게 입고 벗을 의복으로 칼라 없는 앞트임의 상의를 처음 고안해서 애용하기 시작한 것부터 명칭이 생겼다. 1890년대 초부터 영국에서 입기 시작하였는데, 브이넥, 라운드넥, 칼라 달림, 무지, 무늬, 버튼 여밈, 지퍼 여밈 등 그 디자인은 조금씩 다르지만, 일반적으로는 카디건 넥이라고도 불리는 Y자 형태의 앞여밈으로 이루어진 디자인이 대표적이다.

카디건은 주로 셔츠나 티셔츠 위에 겉옷으로 입을 때는 단추를 풀어 내추럴하게 입고, 재킷과 함께 이너 웨어로 입을 때는 단추를 채워 입어야 멋스럽다. 단추를 전부 잠가서 입는 것보단 맨 위 단추 또는 맨 아래 단추를 풀어 입으면 답답해 보이지 않고 여유로워 보인다.

또 다른 연출법은 어깨에 두르는 것이다. 얇은 캐시미어 소재의 카디건은 봄, 가을 간절기 뿐만 아니라 냉방이 잘 되는 실내 여름에도 어깨에 걸쳐 시그니처 캐주얼 웨어(Signature Casual Wear)스타일을 연출할 수 있다.

• 티셔츠(T-Shirt)

티셔츠는 단추가 없어 뒤집어써서 입는 풀오버(Pullover) 형식의 티(T) 자 모양의 상의로, 19세기 속옷에서 발전하여 현재는 격식을 차리지 않는 캐주얼한 생활 복장으로 굳어졌다.

티셔츠에서 중요한 포인트는 크기와 네크라인의 형태이다. 품이 큰 박스형 티셔츠는 어깨선이 내려와 곡선이 생기기 때문에 마르고 어깨가 넓은 체형에게 잘 어울인다. 보통 체형이나 통통한 체형은 품이 좁아질수록 날씬해 보이지만 여유 없이 타이트한 것보단 약간 넉넉한 것이 좋다.

라운드 네크라인은 각진 얼굴형에 어울리고 옆으로 넓어지는 보트네크라인은 얼굴이 긴 형에 어울린다. 브이넥 라인은 동그란 얼굴형에 좋다. 목이 짧을수록 U자형으로 파진 형태가 좋지만, 너무 깊게 파인 형태는 피해야 한다.

• 니트 셔츠, 폴로 셔츠(Knit Shirt, Polo Shirt)

셔츠 칼라에 앞이 트인 디자인으로 단추가 2~3개 나란히 달린 스포티한 반소매 셔츠이다.

폴로셔츠는 영국의 마상 경기 폴로의 유니폼에서 유래되어 프랑스의 전설적인 테니스 선수 르네 라코스테(Lacoste)가 1927년 경기를 위해 입은 것이 시초가 돼 선풍적인 인기를 끌었다. 우리나라 남자들에게 유난히 사랑받는 폴로셔츠는 사실 스포츠 웨어에 가깝기 때문에 세련된 리더라면 캐주얼웨어에서 폴로셔츠보다는 캐시미어 니트 셔츠를 추천한다.

• 스웨터(Sweater)

옷차림의 폭을 넓혀주는 스웨터는 보온성 뿐만 아니라 자칫 단조로워지기 쉬운 남자의 옷차림에 다양한 색상이나 무늬로 변화와 활기를 주는 중요한 패션 아이템 중의 하나다. 스웨터 하나가 전체 옷차림의 분위기를 연출하기도 하고, 셔츠나 재킷, 바지 등을 한결 돋보이게 매치하기도 한다. 어떤 스웨터이든 자유롭게 선택할 수 있다는 점도 스웨터를 입는 매력 중의 하나이다. 스웨터는 여유가 있어야 한다. 타이트한 옷을 즐겨 입는 사람이라도 팔만은 여유롭게 움직일 수 있는 것을 선택한다.

스웨터의 소재도 체크해야 할 부분이다. 스웨터에는 보통 울(Wool)이 사용되는데, 램 울(Lamb`s Wool)은 셔틀랜드 울(Shetland Wool) 보다 좀 더 부드럽고, 모헤어(Mohair)는 양모보다 광택이 있고 털이 길어 부피감이 있다. 스웨터의 소재 중 가장 비싼 것은 캐시미어 소재로, 부드럽고 매끄러우면서도 조직이 고급스럽다. 오늘날에는 스웨터에 면이 사용되기도 하며, 리넨이나 실크까지도 스웨터의 소재로 혼방해서 만들어진다. 아크릴 같은 화학섬유는 천연섬유만큼 우수한 품질을 가지지는 못하지만, 울에 합성 섬유인 아크릴을 약간 혼방한 것은 스웨터의 모양을 잡아주고 털이 뭉치는 것을 방지해 주는 이점이 있다. 단, 합성 섬유의 혼용률이 높은 것은 땀 배출을 방해하고, 광택이 심해지거나 광택이 없어 기품을 풍기기에는 많이 모자라 신사에게는 권하지 않는다.

목둘레가 꼭 맞는 크루넥 스웨터(Crew Neck Sweater)는 스웨터의 가장 기본형으로 편안한 이미지를 주고 브이넥 스웨터는 목이 짧거나 굵은 체형에 좋다. 키가 작은 사람은 길이가 아주 긴 큼직한 스타일과 무늬가 크게 들어간 스웨터는 체구를 더 작아보이게 하기 때문에 피해야 한다.

터틀넥 스웨터(Turtleneck Collar)는 지적이고 세련된 스타일을 추구한다면 강력하게 추천하는 아이템이다. 검은색 터틀넥은 스티브 잡스의 심벌이라고 할 수 있을 정도로 많은 리더들의 사랑을 받고 있다. 넥타이가 없어도 지적으로 보이고 어떤 재킷과 매치해도 실패하지 않는 이너 웨어이다. 터틀넥은 목에 착 붙는 스타일이 가장 세련되어 보이며, 소재가 얇을수록 몸의 맵시를 살려주고 두꺼울수록 자연스러운 멋을 준다. 목을 감싸 시선을 얼굴로 집중시켜주어 얼굴형을 돋보이게 해주지만, 목이 짧고 두껍거나 둥근 얼굴형은 목이 더 짧아 보이기 때문에 반목 스타일이 좋고 긴 선이 특징인 리브 조직이나 부드러운 꼬임 모양이 특징인 케이블 조직 등을 활용하면 슬림하게 연출할 수 있다.

블랙과 네이비 색상은 단정하고 지적이며 보수적인 이미지를 주고 어떤 색과 매치해도 잘 어울린다. 버건디, 브라운, 아이보리 색상은 클래식하면서 부드럽고 고급스러운 이미지를 주며, 블루 계열과 매치하면 활동적이고 젊은 이미지를 연출할 수 있다.

3) 하의(Bottom)

① 슬랙스(Slacks)

슬랙스는 미국에서 부르는 호칭인데, 영국에서는 트라우저즈(Trousers)라 하며, 캐주얼한 실용적인 팬츠로 스포츠용, 작업용, 캐주얼웨어로 남녀노소를 불문하고 착용되고 있다. 비즈니스 캐주얼의 대중화로 슬랙스는 엉덩이둘레 최고점에서 아래로 갈수록 통이 슬림 하게 떨어지는 스타일이 유행이다. 기본 팬츠보다 뒤 밑위를 짧게 하여 몸에 더 밀착시키고 기장은 복숭아뼈에 딱 맞춰 스타일리시하게 입는다. 좀 더 편안하게 착용하기 위해 스판이 함유된 직기 원단을 사용하여 점잖은 느낌에 편안함까지 느낄 수 있는 슬랙스가 최근에 옷 잘 입는 남성들 사이에서 정석으로 통용되고 있다.

블랙과 네이비 슬랙스는 매치가 쉬워 활용도가 좋지만 멋을 내는 데에는 쿨톤은 그레이, 웜톤은 브라운 슬랙스가 제격이다. 그레이와 브라운 슬랙스는 명도를 잘 선택해야 하는데 처음 장만한다면 중간 톤을 고르는 것이 좋다. 중간 톤은 무늬도 잘 나타나 선택하는 재미도 있다. 무늬가 들어가면 몸의 입체감이 더 드러나기 때문에 하체가 발달한 체형이라면 무늬가 없는 단색이나 무늬 크기가 작은 것, 무늬 대비가 적은 것으로 고르는 것이 날씬해 보인다. 하체가 슬림한 체형이라면 무늬를 다양하게 시도하면 좋다.

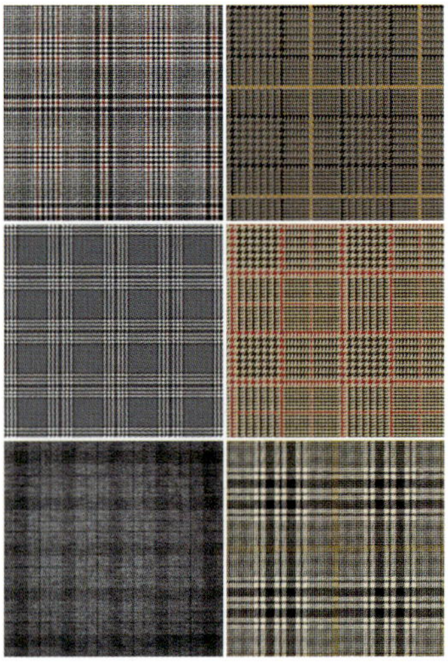

② **치노**(Chino)

본래 치노의 의미는 면 원단 소재의 이름으로 사선 무늬가 특징인 두꺼운 능직 조직이다. 흔히 베이지색 면바지로 생각하면 쉽게 이해가 갈 것이다. 치노 팬츠는 함께 매치하는 아이템에 따라 전혀 다른 분위기를 연출할 수 있다. 블레이저와 넥타이나 포멀한 셔츠도 잘 어울려서 비즈니스 캐주얼 스타일을 연출할 수 있고 티셔츠와 로퍼와 매치해 캐주얼한 스타일을 완성하는 데도 뛰어난 역할을 하는 등 다양한 스타일을 연출할 수 있다. 면 소재의 특성상 착용감이 편안하고 촉감이 좋다. 힘 있는 두께감은 깔끔하고 단정한 느낌을 주기 때문에 어느 스타일에나 잘 어울려 남자들의 필수 아이템으로 자리 잡은 지 오래되었다.

점잖은 이미지로 스타일링 할 때는 베이지, 네이비, 그레이 색상에 신발의 발등을 살짝 덮는 길이로 발목을 드러내지 않도록 바지 길이를 조절한다. 활동적인 이미지로 나타낼 때는 컬러풀한 색상에 바지 밑단을 롤업 해서 발목을 보이도록 입는다. 신발 종류나 양말의 패턴에 따라 개성을 표현할 수 있다. 치노 팬츠에는 드레스 셔츠나 실크 넥타이 같은 포멀한 아이템은 피하는 것이 좋다. 옥스퍼드 셔츠, 니트 넥타이, 로퍼같이 캐주얼 아이템과 매치해 편안한 캐주얼 스타일을 연출한다.

③ **리넨**(Linen)

아마 섬유로 짠 직물로 땀 흡수가 잘 되고, 바람이 잘 통해 대표적인 여름용 소재로 많이 사용된다. 더운 여름에도 품위를 지킬 수 있는 장점이 있다. 천연섬유 특유의 자연스러운 광택으로 고급스럽지만 구김이 잘 생긴다는 단점이 있다. 요즘은 구김이 잘 가는 결점을 수지가공(樹脂加工)이나 합성 섬유와 혼방으로 보완해서 사용된다.

④ **코듀로이**(Corduroy)

흔히 코르덴이라 불리는 골이 지게 짠 것을 말한다. 원래는 면으로 된 것을 가리켰는데, 레이온으로 된 것도 있다. 부드럽고 내구성과 보온성이 뛰어나 가을, 겨울에 사랑받는 아이템이다. 도톰한 소재로 영국 신사 같은 여유로운 분위기를 준다. 다리가 얇은 체형은 골의 넓이가 두꺼운 것을, 다리가 두꺼운 체형은 골이 얇은 것을 선택하면 슬림 하게 연출할 수 있다.

⑤ 데님(Denim)

데님은 블루칼라(Blue Collar)의 상징에서 시작해 청춘의 상징이기도 하며 하이패션(High Fashion)까지 영향을 주었다. 지금은 남녀노소 누구나 하나쯤 가지고 있는 아이템이며 디자인과 종류가 정말 다양하다. 현재의 청바지(Blue Jeans)는 캐주얼룩과 비즈니스 룩에서 중요한 자리를 차지하고 있다. 먼저 활용도가 높은 청바지를 찾는 것이 중요한데, 워싱(Washing)의 정도나 위치에 따라 다양한 이미지가 나타난다. 생지 데님을 구입해서 나의 체형에 맞는 핏과 생활 습관에 따른 자신만의 워싱을 만들어 가도 좋다. 시간이 오래 걸리기 때문에 이미 워싱 작업이 되어있는 소프트 데님(Soft-Finished Denim)을 구매하는 방법도 있지만 인위적이지 않은 것으로 골라야 한다.

청바지는 어떤 아이템과 매치해도 거의 잘 어울리지만, 흔히 말하는 '청청 패션'을 잘 입으려면 요령이 필요하다. 상, 하의를 같은 색으로 맞추면 작업복 같아 보이면서 상, 하의를 묶어버려 키가 작아 보이는 효과를 준다. 같은 블루 계열에 한 가지 색상에 톤 온 톤 배색으로 명도 차이를 주면 세련되게 코디할 수 있다. 상체가 발달한 체형은 밝은 색 상의는 상체를 더 커 보이게 하므로 고민이라면 어두운 색으로 코디한다. 바지를 스키니 핏으로 입으면 하체가 빈약해 보일 수 있어 엉덩이 라인에서 일자로

내려오는 살짝 넉넉한 스트레이트 핏이 좋다. 반대로 상체가 빈약한 체형이라면 상의를 밝게 입고 하의를 어둡게 입어야 말라 보이지 않는다. 마른 체형에서 스키니 핏은 더 왜소해 보이기 때문에 빳빳한 소재의 슬림 스트레이트 핏이 좋다.

4) 신발

① 캐주얼 옥스퍼드(Casual Oxford)

• 벅(Buck)

더비와 비슷한 디자인이나 재질이 누벅 가죽이나 스웨이드로 된 신발을 '벅'이라 한다. 누벅이나 스웨이드로 된 벅은 가죽에 비해 좀 더 경쾌한 스타일을 연출하여 면바지, 청바지 등의 캐주얼한 옷차림에 아주 잘 어울린다. 스웨이드는 은은하면서 부드러운 감촉으로 편안하면서 고급스럽다. 스웨이드는 광택이 없어서 아무 장식이 없는 것보단, 윙 팁 장식이 들어간 스타일로 연출해 보는 것도 좋다. 다른 원단으로 변화를 준 옥스퍼드는 원단에 따라 느낌이 달라진다. 면이 배색된 구두는 오염에 약할 수는 있지만, 통풍이 잘 돼서 기능적이면서 자연스러운 멋이 드러난다.

② **슬립온**(Slip-on)

슬립온 타입은 끈이 없는 구두로 '개성 있는 패션'에 밀려 희석되어 가고 있다곤 하지만 엄격한 비즈니스에서는 지양하는 것이 좋다. 특유의 편안함으로 캐주얼에서 빛을 발하는 슬립온 타입은 그 종류가 정장 구두보다 다양하기에 멋스럽게 연출하려면 몇 가지 법칙을 알아두면 좋을 것이다.

끈 없는 캐주얼 구두의 대표적인 구두인 로퍼는 '게으른 사람'이라는 뜻에서 유래한 신고 벗기 편한 신발을 의미한다. 아이비 룩의 기본이지만 아무리 비싼 것이라도 정통 정장 스타일로는 어울리지 않으며 캐주얼 스타일에서는 단연 돋보이는 디자인이다.

- 페니 로퍼(Fenny Loafer)

  페니 로퍼는 발등 부분에 이중으로 가죽이 덧대어져 있는데, 여기에 코인 홀(동전 구멍)이 뚫려 있는 것이 특징이다. 옥스퍼드 대학생들이 1페니를 넣어서 신는 것에서 유행이 시작되어, 마이클 잭슨과 같은 세계적인 유명인들에게 퍼져 나갈 정도로 큰 유행이 되었다. 캐주얼과 포멀의 중간 이미지로 남자 로퍼 중에서 전 연령대에 활용이 가능한 캐주얼 신발이라고 할 수 있다. 블레이저와 슬랙스에 매치하면 깔끔하고 댄디한 이미지를 나타낼 수 있다.

• 테슬 로퍼(Tassel Loafer)

궁전에서 신던 실내용 구두에서 유래한 슈즈로 끈이 없는 대신 일반 로퍼와 다르게 태슬 장식(술 장식)이 달려있다. 로퍼 중 포멀한 이미지로, 30대 이상의 남자분들에게 추천한다. 격식을 차린 클래식 비즈니스 스타일에 매치하는 것이 세련된 스타일로 연출할 수 있다.

• 몽크 스트랩(Monk Strap)

앞서 정장 구두에서 설명한 몽크 스트랩 구두는 비즈니스와 캐주얼의 경계에 있다고 볼 수 있다. 자유로운 분위기의 비즈니스 환경이거나 캐주얼을 주로 착용하는 환경에서 몽크 스트랩은 옥스퍼드보다 날렵하고 화려한 이미지로 자신만의 클래식 패션을 만들고 싶은 분들에게 적극 추천한다.

싱글 몽크 스트랩은 스트랩이 1개인 구두로, 날렵하고 세련된 20, 30대의 젊은 이미지에 잘 어울린다. 검은색에 광택이 있는 에나멜 소재의 구두는 스타일리시함을 살려 준다. 더블 몽크 스트랩은 스트랩이 2개인 구두로, 남성의 중후한 멋을 살려주어 중년에게 잘 어울린다. 2개의 버클 스트랩과 발등을 덮는 디자인은 안정감을 주면서 클래식한 이미지를 준다. 갈색 구두는 사계절 활용하기 좋고 스웨이드 소재로 부드러운 스타일을 나타낼 수 있다.

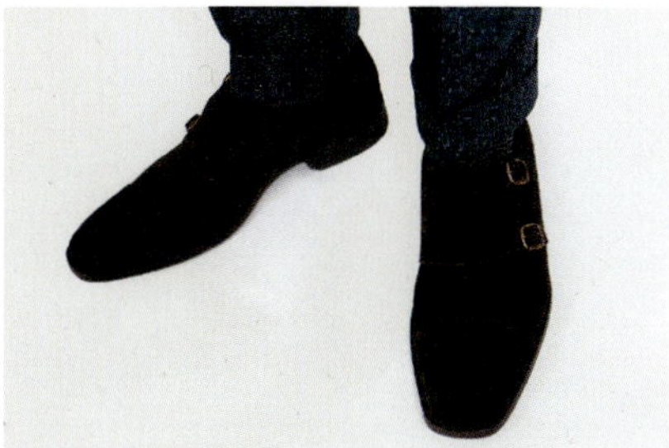

• 보트 슈즈(Boat Shoes)

덱 슈즈(Deck Shoes) 함상의 갑판에서 신기 위해 만든 고무창으로 된 신발로, 밑창이 미끄러지는 것을 방지하기 위한 모양으로 고안되었다. 보통 보트 슈즈라고 불린다. 발등이 드러나 활동적이고 시원한 느낌을 주는 것이 특징으로, 신발의 유래에서 보듯 물에 강해 비가 자주 오는 장마철 여름 캐주얼화로 애용된다. 양말을 신지 않고 맨발로 착용하여 자유로운 휴양지를 대표하는 신발이다. 그래서 캐주얼을 추구하는 회사라도 출근용으로 신지 않는다. 반바지와 잘 어울리며 리넨 팬츠, 치노 팬츠처럼 긴 바지와 매치할 때는 발목을 드러내 롤업 해서 매치하는 것이 좋다.

③ **부츠**(Boots)

발목 위로 올라오는 신발로 인류가 가죽으로 신발을 만들어 신었을 때부터 역사가 시작되었다고 할 수 있다.

첼시 부츠(Chelsea Boots)는 영국 빅토리아 시대(1837 ~ 1901) 때 착용하던 발목까지 오는 꼭 끼는 승마용 부츠로 굽이 보통 것보다 높은 편이며 옆선에 신축성 있는 고무 소재를 붙여 넣어 착용감을 높인 디자인이다. 1960년대부터 인기를 얻어 현재도 사랑받는 부츠이다. 장식과 끈이 없어 매끈한 디자인으로 블레이저와 슬랙스에 깔끔하게 매치할 수 있다.

워크 부츠(Work Boots) 작업용의 매우 실용적이고 튼튼한 부츠이다. 아주 캐주얼한 디자인으로 등산이나 캠핑 등 활동적인 일을 할 때 착용하지만 일상에서도 청바지와 매치해서 캐주얼룩으로 세련되게 연출할 수 있다.

④ **스니커즈**(Sneakers)

발등 부분을 하얀 캔버스로 만든 캔버스 슈즈(Canvas Shoes)의 일종으로, 밑창이 고무로 된 것을 말한다. 고무 밑창이기 때문에 걸을 때 발자국 소리가 나지 않는다고 해서, '살금살금 걷는 사람'이라는 뜻의 스니커(Sneaker)라고도 한다. 테니스화로 대중화되면서 운동선수들이나 10대들에게 인기였지만, 요즘은 연령대를 가리지 않고 널리 사랑받고 있다. 스포티한 성격이 강해서 비즈니스 캐주얼과 매치할 때는 구두와 비슷한 디자인이거나 가죽으로 된 것이 좋다. 스포티한 캔버스화를 매치할 때는 치노 팬츠나 청바지에 코디하는 것이 좋고, 날렵한 디자인을 선택할 경우 발이 작아 보일 수 있어 한 사이즈 여유 있게 고르는 것이 좋다. 키가 작은 체형은 바지 색과 같은 색은 피하고, 발목이 올라오는 스타일은 바지로 가리면 어정쩡해 보이므로 롤업으로 발목을 드러내야 스타일리시 하다.

5) 퍼스널 컬러와 이미지에 따른 캐주얼 스타일링

① 봄 유형

② 여름 유형

③ 가을 유형

④ 겨울 유형

3. 여성 리더를 위한 패션 스타일링

여성과 패션은 떼려야 뗄 수 없다. 역사적으로도 여성복의 발전과 관심이 압도적이었다. 고상하고 화려한 숙녀 이미지의 수동적인 여성성만을 강조한 패션이 주류였다. 여성의 사회진출이 확대되어 가면서 여성복에도 큰 변화가 찾아왔다. 그러나 20세기 여성 최고경영자(CEO)의 일반적인 모습은 검은색, 남색, 짙은 회색의 바지 정장같이 남성복과 다를 것 없는 스타일이었다. 멋스러움이라고는 찾아보기 어려운 '매니시 룩'으로 여성성이 최대한 드러나지 않는 스타일로 여성 CEO가 드물었던 시절 여성성이 부각된 패션은 업무에 방해되는 옷차림으로 여겨졌다. 남성과 대등한 업무 능력을 강조하고 상대방에게 신뢰감을 주고자 했던 여성 리더들이 선택한 일종의 '전투복'이었다. 그러나 21세기 여성 리더들에게 패션은 여성성을 감추는 방어적 수단이 아니며, 여성 비즈니스 웨어는 남성 비즈니스 웨어보다 자유로운 편이다. 그러나 지나치게 개성적이거나 편안한 옷차림은 비즈니스에서 마이너스 요소가 된다. 일하는 여성의 패션은 자신이 속해 있는 조직 문화와 업무 역할에 맞는 스타일로 연출해야 한다. 개성을 잃지 않으면서 '유능한 리더'로서 호감과 신뢰감을 줄 수 있는 스타일링을 알아야 한다.

정장(Suit)

1) 정장 스타일

① 테일러드 슈트(Tailored Suit)

이브 생로랑(Yves Saint Laurent)은 프랑스의 패션 디자이너로 여성 패션에 최초로 바지 정장을 도입해 '여성에게 자유를 입힌 패션 혁명가'라는 평가를 받고 있다. 자신의 차를 타고 직장에 출근하며 신문을 읽는 자신감에 찬 현대 여성이야말로 그가 원하는 여성상이었다. 1966년 남성의 이브닝 웨어인 턱시도 정장(Tuxedo)을 여성화한 '르 스모킹(Le Smoking)'을 발표하였다. 1967년 르 스모킹에 이어 팬츠 슈트(Pant Suit)를 선보였다. 팬츠 슈트는 일상복이나 이브닝 웨어로도 입을 수 있는 것으로 여성복의 새로운 장르가 되었고 여성 파워를 드러내는 주요한 상징물이 되었다.

1980년대는 여성의 지위 향상과 사회적 진출로 인해 직업여성의 수가 증가되었던 시기였다. 포스트모더니즘의 영향과 여성의 사회적 지위 향상으로 남녀 복장의 경계가 허물어졌고, 이러한 추세에 발맞추어 여성의 슈트에는 남성적인 요소가 강조되어 어깨를 강조한 새로운 슈트 스타일인 빅 룩(Big Look)이 유행되었다. 이러한 스타일은 여성의 '성공을 위한 옷차림(Dress for success)'이라 불렸으며, 남성의 슈트의 모양과 소재가 다르지 않았다. 1980년대 후반에는 남성복의 재단법을 여성복에 적용한 조르조 아르마니(Giorgio Armani)의 팬츠 슈트가 큰 인기를 끌기도 하였다. 아르마니는 남성 슈트에서 그랬던 것처럼 몸에 꼭 맞는 전형적인 실루엣을 지향하지 않았으며, 부드러운 고급 소재를 사용하고, 뻣뻣한 심지와 안감, 다트 및 불필요한 형식을 해체하고 다시 재단하는 방식을 통해 그만의 새로운 파워 슈트를 디자인하여 중성적 매력이 가미된 우아한 아름다움을 보여주었다. 아르마니는 스커트를 재단하기도 했지만, 그보다는 젊어 보이는 스타일의 편안한 재킷과 바지를 더 자주 보여줌으로써, 재킷과 스커트의 조합만이 성공을 위한 옷차림이라는 생각을 대체하였다.

② 논 슈트(Non suit)

논 슈트는 슈트가 아닌 슈트란 뜻으로, 이제까지의 상식을 깨트린 새로운 형식의 상하 한 벌을 말한다. 여러 가지 해석이 있는데 특히 기성복의 신사복형에 대항하여, 또 개혁하기 위해 나타난 1970년 이후의 것을 가리킨다. 카디건 슈트 · 셔츠 슈트 · 블루종 슈트 · 베스트 슈트 등이 대표적이다.

널리 알려진 대표적인 논 슈트는 샤넬 슈트(Chanel Suit)이다. 프랑스의 디자이너 가브리엘 샤넬(Gabrielle Chanel)에 의해서 디자인된 슈트로, 심플한 카디건 슈트의 일종이다. 샤넬은 1950년대 패션 스타일이 시대에 맞지 않고 여성을 너무 바짝 죈다고 느꼈다. 이에 그녀는 직선적인 실루엣에 중성적인 느낌을 주는 캐주얼 하면서도 우아한 슈트를 만들어냈다. 이 슈트는 몸을 꽉 조여 억압했던 코르셋에서 여성들을 해방시켰다. 활동적이고 자유로운 여성들이 밤낮에 상관없이 어디에서나 입을 수 있는 편하고 실용적인 옷이었다. 현재 샤넬 슈트는 명칭 하나로도 클래식한 고전미를 상징하는 아이콘이 되었다.

③ 정장 스타일링

보수적이고 남성들과 일하는 업무환경에서는 상대방에게 신뢰감을 주면서 유능해 보이는 스타일링이 필수다. 곡선이 절제된 테일러드 재킷, 타이트스커트, 스트레이트 핏의 정장 바지 등의 베이직 아이템으로 프로패셔널함을 드러내고 검은색, 회색, 흰색의 무채색과 네이비, 베이지같이 차분한 색상으로 신뢰감을 주어야 한다.

반대로 보수적이 아닌 업무환경이라면 색상과 실루엣, 액세서리에 변화를 주어 개성을 드러낸다. 그러나 여기서도 중요한 것은 신뢰감을 잃지 않는 것이다. 의상의 디자인이 화려하다면 차분한 색감으로 매치하고 색상을 과감하게 사용한다면 의상

의 디자인은 가장 베이직 한 것으로 스타일링해야 한다. 의상으로 화려하게 표현하기보다는 스카프나 귀걸이, 목걸이, 가방 등의 액세서리로 포인트를 주는 것이 세련된 스타일링이다.

2) 셔츠, 블라우스(Shirts, Blouse)

남성 셔츠는 다양한 셔츠 칼라로 변화를 줄 수 있지만, 여성 셔츠는 핏을 다양하게 연출할 수 있다. 프린세스 라인의 다트가 들어가 몸에 꼭 맞는 타이트한 핏은 곡선의 허리 라인으로 날씬한 실루엣을 연출할 수 있다. 이런 실루엣은 엄격하면서도 지적인 이미지를 주어 금융계나 법조계, 관공서 같은 보수적인 이미지의 업종에 어울린다. 100% 면 소재보다는 스판이 들어간 소재가 주름이 지지 않고 활동하기에도 편하다. 루스한 핏의 품이 넓은 셔츠는 원래의 어깨선보다 내려와 여유 있고 풍성한 실루엣을 연출해 편안하면서 캐주얼한 이미지를 준다. 상의의 실루엣이 커지므로 하의는 딱 맞게 매치해야 뚱뚱해 보이지 않는다. 하이 웨이스트 팬츠를 코디하면 세련된 이미지를 나타낼 수 있다. 외국계 기업이나 디자인 회사같이 창의적이고 자유로운 업종에 어울린다. 화이트와 블루는 깔끔한 인상과 신뢰감을 주고 네이비는 지적이고 세련된 이미지를, 버건디는 고혹적인 이미지를 준다.

블라우스는 프랑스어의 블루즈에서 온 것으로, 어깨에서 허리까지로 된 상반신에 착용하는 가벼운 소재로 만들어진 헐렁한 셔츠를 말한다. 블라우스의 소재는 주로 시폰(Chiffon)이나 실크(Silk) 소재를 사용해서 흐르는 듯한 우아한 곡선이 나타난다. 사이즈를 여유 있게 입어도 세로로 주름이 생겨 낭만적이고 부드러운 실루엣으로 여성미 나타낼 수 있다. 블라우스는 네크라인의 모양에 따라 다양한 분위기를 연출할 수 있다. 라운드 네크라인은 단정한 느낌을 주고 브이 네크라인은 세련된 느낌, 바토 네크라인은 우아한 느낌을 준다. 여성 칼라로는 엄격하고 단정한 느낌을 주는 만다린 칼라, 넥타이를 한 듯 우아한 느낌의 자보 칼라, 타이넥 칼라 등이 있다.

재킷을 입지 않고 블라우스를 단독으로 입는 여름에는 무늬를 활용하면 좋다. 꽃무늬는 화사하고 생기 있는 이미지를 주고, 바탕색과 대비가 강한 점무늬는 경쾌하고 활기찬 이미지를 준다. 세로줄 무늬는 모던한 이미지를 주며, 줄무늬 폭이 얇고 대비가 약할수록 날씬해 보이는 착시를 준다. 반대로 폭이 넓거나 대비가 강할수록 볼륨감이 생긴다.

3) 스커트(Skirt)

스커트는 여성의 전유물로 시대에 따라 길이의 변화가 풍부해지고, 용도 · 소재에 의한 종류 외에 디자인적으로도 여러 가지 실루엣의 변화가 있었다. 대표적인 비즈니스 정장 스커트는 슬림스커트(Slim Skirt), H 라인 스커트, A 라인 스커트, 머메이드라인 스커트(Mermaid Line Skirt)가 있다. 슬림스커트는 아랫단으로 내려올수록 가늘어지는 형태로 몸에 꼭 맞아 실루엣이 날씬하게 보이는 스커트이다. 허리와 아랫단의 폭이 가늘고 엉덩이가 강조되어 섹시한 여성미를 강조할 수 있고, 직사각형 체형 보완에 좋다. H라인 스커트는 스커트의 기본이 되는 형태로 타이트 스커트(Tight Skirt), 스트레이트 스커트(Straight Skirt)라고도 한다. 엉덩이 라인에서 단까지 직선인 외형으로 몸에 꼭 맞는 스커트로 단정한 이미지를 준다. A라인 스커트는 엉덩이에서부터 단이 점점 넓어져, 치마의 모양이 영어의 알파벳 A자와 비슷한 모양이다. 페미닌한 이미지를 주며 하체가 발달한 삼각형 체형 보완에 좋다. 머메이드라인 스커트는 허리에서부터 몸에 꼭 맞게 밑으로 좁게 내려가다가 끝이 넓어진 스커트로, 끝으로 퍼지는 부

드러운 곡선이 우아하고 여성적인 이미지를 나타낸다. 역삼각형과 직사각형 체형 보완에 좋고 키가 큰 체형에 잘 어울린다.

① 스커트 길이

체형의 단점을 보완하고 스타일리시한 이미지를 주기 위해서는 치마 길이에 대한 이해가 있어야 한다. 너무 짧은 길이는 품위를 떨어트릴 수 있기 때문에, 비즈니스 스커트에 적용할 수 있는 스커트 길이는 어보브 니(Above Knee), 니(Knee), 빌로우 니(Below Knee), 미디(Midi) 길이로 설명할 수 있다. 키가 작은 스타일은 무릎 중간보다 3 ~ 5cm 정도 짧은 어보브 니 길이로 무릎을 드러내야 한다. 무릎을 드러내면 종아리가 가늘고 길어 보인다. 평균 키거나 평균 이상이라면 무릎길이가 좋다. 단정하고 세련된 이미지로 하체가 길어 보인다. 키가 큰 스타일이라면 무릎 아래 3 ~ 5cm 길이의 빌로우 니와 무릎과 발목의 중간 종아리 길이의 미디 길이가 좋다. 긴 길이로 안정감을 주며 우아한 이미지가 강조된다.

4) 바지(Pants)

여성 정장 바지는 폭의 넓이가 자유롭다는 것에서 남성복보다 훨씬 더 다양한 스타일을 표현할 수 있다.

스키니 팬츠(Skinny Pants)는 다리에 감겨 붙을 정도로 타이트한 핏의 바지로 슬림 팬츠(Slim Pants)라고도 한다. 빌리 와일더(Billy Wilder) 감독의 1954년도 영화〈사브리나(Sabrina)〉에서 오드리 헵번(Audrey Hepburn)이 선보인 시가렛 팬츠(Cigarette Pants)가 가장 유명하다. 다리가 얇은 스타일에 어울리며 다리가 굵거나 역삼각형 체형은 체형이 더 두드러질 수 있다. 테이퍼드 팬츠(Tapered Pants)는 바지 단으로 향할수록 차차 가늘어지는 형태로 허벅지가 고민인 삼각형 체형 보완에 좋다. 스트레이트 팬츠(Straight Pants)는 허벅지부터 밑단까지 일정한 폭으로 내려오는 형태로 모든 체형에 잘 어울리고 종아리가 두꺼운 체형 보완에 좋다. 세미 와이드 팬츠(Semi-Wide Pants), 와이드 팬츠(Wide Pants)는 엉덩이둘레의 제일 큰 부분에서 그대로 라인이 떨어지는 형태로 최근 유행하고 있는 스타일이다. 우아한 느낌을 주며 키가 큰 스타일에 어울린다.

바지 폭에 따라 바지의 길이도 달라져야 한다. 폭이 좁은 바지는 길이도 발목이 드러나는 것이 멋스럽다.

카프리 팬츠(Capri Pants)는 홀쭉한 8부 길이 팬츠로 발목 위 5~8cm 길이 전후의 슬림 라인이 특징이다. 키가 작은 스타일은 발등이 드러나는 높은 힐을 매치하면 좋다. 키가 큰 스타일은 굽이 낮은 플랫 슈즈(Plat Shoes)를 매치하면 캐주얼하고 활동적인 느낌을 살릴 수 있다. 발목까지 내려오는 길이의 클래식 팬츠(Classic Pants)는 시각적으로 안정적이며 키가 작거나 큰 스타일 모두 잘 어울린다. 앞 코가 뾰족한 스틸레토 힐(Stiletto Heel)을 매치하는 것이 스타일리시하다.길이가 발뒤꿈치까지 내려오는 와이드 팬츠나 플레어드 팬츠(Flared Pants)는 높은 플랫폼 슈즈(Platform Shoes)를 매치하면 구두가 가려져서 외견상 다리 길이가 강조되어 키가 커보이는 효과가 있다. 우아하면서 세련된 이미지를 나타낼 수 있다.

5) 원피스(One-piece)

위아래가 붙어 하나로 된 옷으로, 바쁜 아침에 특별히 신경 쓰지 않아도 단정하게 신경 써서 차려입은 이미지를 줄 수 있다. 원피스는 상, 하의가 하나로 이어져 있어 투피스에 비해 신체가 짧아 보인다. 무릎을 드러내면 다리가 길어 보이지만 키가 작은 체형은 벨트를 매서 상, 하체를 분리해야 키가 작아 보이지 않는다. 탄탄한 소재의 원피스는 몸의 실루엣을 잡아주어 날씬해 보인다. 비즈니스 원피스는 탄탄한 소재에 단색이 좋고 블랙, 그레이, 화이트, 네이비, 버건디 등이 좋다. 부드러운 소재의 원피스는 우아한 곡선으로 여성미를 극대화하고 신체의 결점을 가려주어 활용도가 높다. 이런 이미지로 무늬가 들어간 부드러운 소재의 원피스는 비즈니스보다는 데이트 의상에 알맞다.

기본적으로 원피스는 슈트에 비해 여성스럽다. 여기에 테일러드 재킷을 매치하면 지적이고 전문적인 이미지를 연출할 수 있다. 마른 체형은 원피스보다 밝은 재킷을 매치해야 가냘파 보이지 않는다. 뚱뚱한 체형은 원피스보다 어두운 재킷을 매치하면 외곽선을 잡아주어 날씬해 보인다.

팔에 꼭 맞는 세트인 슬리브(Set-in Sleeve)는 어깨와 팔의 라인을 잡아준다. 어깨가 좁은 체형은 어깨 각이 지거나 패드가 들어간 디자인으로 코디하면 당당한 커리어 우먼 스타일을 연출할 수 있다. 소매가 없는 슬리브리스(Sleeveless)는 미셸 오바마처럼 팔이 탄탄하지 않다면 추천하지 않는다. 퍼프 슬리브(Puff Sleeve)는 귀엽고 어려보이는 이미지로 비즈니스 의상으로 적합하지 않다.

• **리틀 블랙 드레스**(Little Black Dress)

최초의 리틀 블랙 드레스는 1926년 샤넬이 발표했다. 미국 〈보그(Vogue)〉는 "The Chanel 'Ford'"라 소개하면서 이 의상의 대량생산 가능성을 미국 포드사의 자동차에 비유해 찬사를 보냈다. 튜뷸러 형태의(Tubular) 직선적인 실루엣에 불필요한 장식을 배제하여 아르데코(Art Deco) 양식의 기하학적 특성을 담고 있다. 1961년 영화 [티파니에서 아침을]에서 영화배우, 오드리 헵번(Audrey Hepburn)이 위베르 드 지방시(Hubert de Givenchy)의 블랙 새틴(Satin) 드레스를 입어 다시 한번 붐을 일으켰다. 심플하고 깨끗한 스타일은 리틀 블랙 드레스가 주는 완벽하고 구조적인 모던함과 세련된 우아함이 결합하여 오늘날에도 드레스의 기본 공식으로 여전히 변치 않는 고전이 되었다.

리틀 블랙 드레스는 여성이라면 나이를 불문하고 하나쯤 꼭 가지고 있어야 하는 아이템이다. 매치하는 아이템에 따라 포멀한 이미지와 캐주얼한 이미지 모두를 연출할 수 있다. 디자인은 제일 심플하고 장식이 없는 것으로 고르는 것이 다양한 이미지를 나타내기에 좋으며 체형에 맞는 형태로 고르는 것이 중요하다.

6) 코트(Coat)

비즈니스를 하는 여성 리더라면 길이가 짧은 코트보다는 긴 코트가 좋다. 체스터필드 코트는 남녀 모두 정장에 잘 어울리며 격식 있는 코트다. 앞여밈 단추가 한 줄로 내려오는 싱글 코트는 깊은 V존을 만들어 날씬해 보이는 효과를 주며 모든 체형에 잘 어울린다. 키가 작은 스타일은 코트의 길이가 무릎을 약간 내려오는 길이가 좋다. 너무 큰 빅 코트 스타일은 오히려 키가 작아 보일 수 있어 주의해야 한다. 키가 큰 스타일은 코트의 길이가 종아리 길이가 좋다. 종아리 길이보다 더 내려오면 큰 키가 더 부각될 수 있다.

코트의 색상은 한번 구입하면 오래 입기 때문에 유행에 흔들리지 않는 색으로 골라야 한다. 블랙은 아주 포멀하면서 격식을 갖춘 이미지를 준다. 안에 입은 옷과 다 잘 어울려 코디하기 쉽다. 여성 리더에게 네이비보다 원숙하면서 모던한 이미지를 주는 다크 퍼플을 추천한다. 베이지는 회색과 매치하면 클래식하고 여유로운 이미지를 나타낼 수 있다.

앞 여밈이 두 줄로 내려오는 더플 코트는 체형을 커 보이게 만들어 마른 체형을 보완하는데 좋다. 넓은 라펠은 당당하고 고상한 이미지를 준다. 트렌치코트도 더블 형식에 베이지 색상이 클래식한 디자인으로 가을 필수 아이템이라고 할 수 있다. 길이가 짧으면 캐주얼한 느낌이 들기 때문에 무릎 아래 길이가 좋고 짧을수록 바지와 매치하면 좋다. 히든 버튼 스타일의 코트는 깔끔하면서도 우아한 이미지를 준다. 허리띠를 매서 X자 모양으로 변화를 주어 늘씬한 실루엣으로 연출할 수 있다. 허리띠는 리본 모양으로 묶기보다는 한번 묶어서 늘어트려 세련되게 나타낼 수 있다.

7) 스카프(Scarf)

스카프는 어깨나 목에 두르거나 머리에 쓰기도 하는 폭이 넓은 밴드 또는 장방형 천을 말한다. 보통 실크 같은 얇은 천을 이용하지만 두꺼운 천, 편물, 모피와 같은 재질로 만들기도 한다. 스카프는 원래 남성 아이템으로 중세 유럽 병사들이나 신사들의 목 부위를 장식한 소품은 가늘고 긴 형태의 스카프였다. 남성의 넥타이가 정립이 되면서 스카프는 현재 여성 액세서리 필수품으로 빼놓을 수 없는 중요한 소품이 되었다. 방한, 방풍 및 장식의 보조적인 역할에서 점차적으로 패션의 분위기를 리드해 가는 위치로 확대되었고, 그에 따라 다양한 디자인과 연출법 등이 나타나게 되었다.

스카프를 선택할 때 가장 먼저 무늬와 색상을 보고 고르게 되는데 스카프는 펼친 모양보다 착용해서 늘어트린 모양을 보는 것이 중요하다. 그래서 중앙의 무늬보다는 사방 패턴을 확인해야 한다. 스카프는 얼굴에 가장 가깝게 오기 때문에 자신에게 잘 맞는 퍼스널 컬러로 선택해야 한다. 착용한 의상과 동일 계통의 색상이나 질감의 스카프를 선택하면 차분해 보이는 인상을 풍기며, 페이즐리나 꽃무늬 같은 전통무늬에 중간 톤의 토널 배색은 원숙하고 우아한 분위기를 준다. 너무 점잖거나 밋밋한 의상에 고채도의 비비드 톤은 화려한 분위기로 전환한다. 물방울무늬는 경쾌한 느낌을 주어 귀엽고 젊은 이미지를 표현할 수 있고 체크무늬나 줄무늬는 중성적인 느낌을 주어 지적인 이미지를 나타낼 수 있다.

스카프의 크기도 중요하다. 한 변의 길이가 22인치(53cm)에 불과한 손수건 크기의 쁘띠 스카프(petit scarf)는 캐주얼한 스타일을 연출하는 데 좋다. 스카프를 목에 두른 후 한쪽을 살짝 묶어 매듭을 만들어주고, 묶지 않은 반대쪽 끝을 매듭 안으로 넣으면 쉽게 초커(choker) 스타일로 연출할 수 있다. 시선의 강조점이 얼굴 쪽으로 올라오기 때문에 키가 작은 사람에게 좋은 스타일링이다. 일반적인 스카프는 한 변의 길이가 36인치(88cm)로 전통적으로 제작되고 있는 스카프의 기본형이다. 어깨를 감싸듯이 두를 수 있는 정사각형 모양으로, 비즈니스 스타일에도 포멀한 스타일에도 연출하기 수월하다. 목에 둘러 셔츠나 블라우스 안쪽으로 넣으면 차분하고 고급스러운 느낌을 주고 셔츠나 블라우스 칼라에 넥타이처럼 두르면 남성적이면서 활동적인 이미지를 연출할 수 있다. 롱 스카프는 폭이 88cm와 53cm 두 종류로, 길이는 140 ~ 180cm 정도에 달한다. 길이가 길어질수록 스카프의 곡선과 무게중심이 아래로 내려가 우아한 느낌을 주고 긴 드레시한 의상에 잘 어울려 여성스러운 느낌을 강조할 수 있다. 시선이 아래로 향하기 때문에 길이가 키가 작아 보일 수 있는 단점이 있다.

① 스카프 무늬

• 봄 타입

• 여름 타입

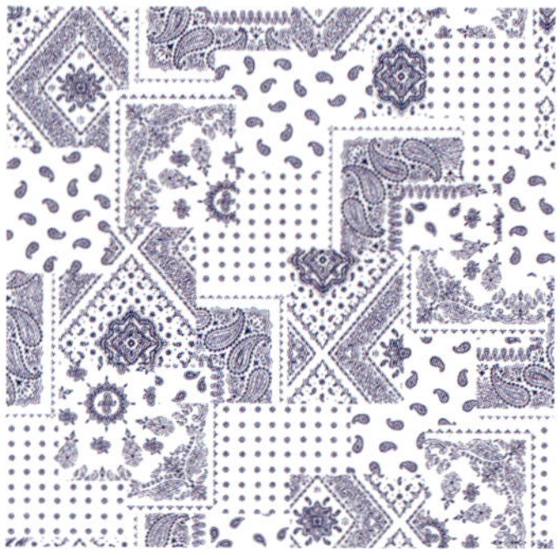

• 가을 타입

• 겨울 타입

8) 구두(Shoes)

구두는 굽의 모양과 길이를 자유롭게 선택할 수 있는 비즈니스 우먼의 무기이다. 앞부분 밑창이 있는 플랫폼 힐은 작은 키를 보완하기에는 좋지만, 높고 무거워 오래 서서 일하는 비즈니스 우먼에게는 부적합하다. 이상적인 힐의 높이는 5 ~ 7cm로 굽이 얇은 검은색 스틸레토 힐(Stiletto Heel)은 어느 옷에나 매치하기 쉽고 세련된 이미지를 완성해 준다. 5cm 이하의 낮은 굽은 키튼 힐(Kitten Heels)라고 불리는데 굽이 낮아 활동하기는 편하나 종아리가 굵어 보일 수 있다. 굽이 두꺼워질수록 굽의 높이가 높아도 안정적이지만 무겁고 둔해 보이게 한다. 신발의 앞코 모양도 중요한데 앞코가 뾰족한 모양은 발의 모양을 날렵하고 길어 보이게 한다. 앞코가 둥글수록 발의 길이가 짧아 보이고 둔한 느낌을 준다.

엄격한 비즈니스에서는 구두의 색을 꼭 의상보다 어둡게 매치해야 한다. 검은색 구두를 포멀한 의상에 무난하게 어울리고 격식 차린 느낌을 주지만 엄격하고 딱딱해 보일 수 있어 버건디나 네이비로 세련되게 변화를 주면 좋다.

피부색과 비슷한 누드톤의 구두는 다리가 연장되어 보여 다리가 키가 커 보이고 단정하고 단아한 이미지를 준다. 누드톤 구두의 색상을 선택할 때는 본인의 피부색보다 한 톤 어둡게 골라야 날씬한 효과를 볼 수 있다.

9) 스타킹(Stocking)

스타킹은 다리의 보온과 위생적 기능에서 출발해서 사회생활을 하는 여성에게 필수품이 되었다. 얼굴에 메이크업을 하는 것처럼 스타킹은 다리에 메이크업을 하는 것이다. 자신의 피부 톤에 맞는 스킨 컬러는 다리를 깨끗하고 매끄러워 보이게 한다. 일명 커피색이라고 불리는 베이지 컬러는 다리 색이 어두워 건강하고 탄탄해 보인다. 대신 피부 톤이 밝은 사람은 명도 차이가 너무 심해지면 어색해 보이기 때문에, 어두운 피부에 추천한다.

피부 색상 이외에 검은색 스타킹은 데니어(Denier)에 따라 투명도를 다양하게 선택할 수 있다. 살갗이 비쳐 보이는 두께는 15 ~ 30D 정도로 다리의 굴곡이 드러나 건강하고 섹시한 이미지를 주지만 다리가 굵어 보이는 단점이 있다. 80 ~ 150D는 살갗이 거의 보이지 않아 다리가 수축되어 보여 날씬한 느낌을 준다. 데니어가 높아 어두울수록 보수적인 이미지를 주며 너무 어두운 것은 학생용 타이즈로 보일 수 있어 적당히 비치는 두께가 세련된 이미지를 준다.

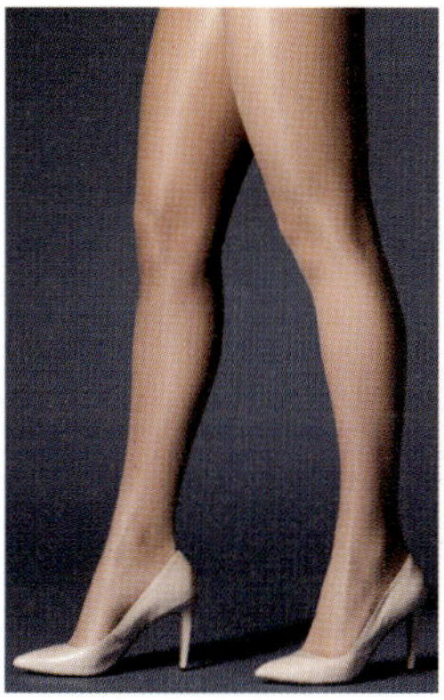

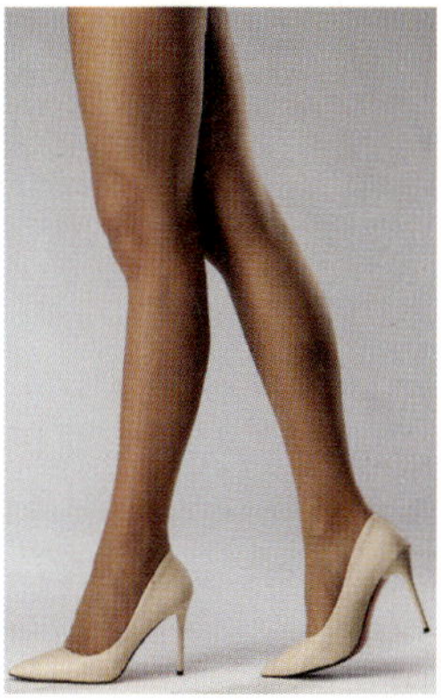

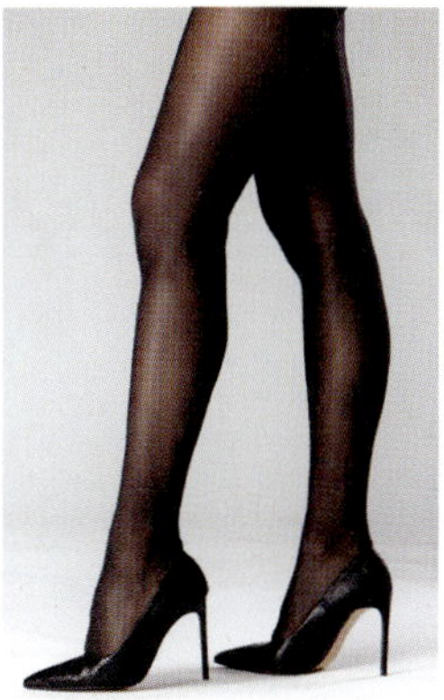

10) 가방(Bag)

일하는 여성의 가방은 적당한 크기가 있어야 한다. 가방 크기를 소, 중, 대로 나눴을 때 서류가 들어갈 정도의 사이즈라고 할 수 있다. 작은 사이즈는 파티 웨어에 어울리고 큰 사이즈는 캐주얼해 보인다. 사각형 형태의 가방은 어떤 옷에도 잘 어울리며 지적인 이미지를 준다.

가방 색상은 옷에 꼭 맞출 필요 없이 다양한 색으로 개성을 표현하기에 좋다. 기본적으로 블랙, 브라운은 갖추고 나서 말이다. 자주 쓰는 비즈니스 가방은 검은색이 좋다. 때가 타지 않아 언제나 깔끔해 보이며 어떤 비즈니스 웨어에 매치해도 잘 어울려 활용도가 높다. 옷에 주름이 가게 하는 숄더백(Shoulder Bag)보다는 손에 드는 사각형의 토트백(Tote Bag)이 커리어 우먼에게 어울린다. 브라운 계열 가방은 블랙과 마찬가지로 활용도가 좋으며 클래식하면서 고풍스러운 이미지를 준다.

여기에 금속 장식을 더하면 고급스러운 포인트가 된다. 골드 장식은 화려하면서 품위 있는 느낌을 주고 실버 장식은 현대적이면서 세련된 이미지를 준다.

11) 액세서리(Accessories)

① 목걸이(Necklace)

주얼리는 그 사람의 개성이 가장 잘 드러나는 아이템이다. 착용자의 옷차림과 얼굴형, 체형 등을 고려해서 착용해야 한다. 비즈니스에서는 여러 개의 주얼리를 지나치게 착용하면 산만해 보일 수 있으니 최소한으로 절제하는 것이 좋다.

우선 목걸이는 목의 길이 굵기를 고려해야 한다. 목이 굵고 짧은 형은 얇은 두께의 체인에 길이는 길게 내려오는 모양이 좋다. U자형이나 Y자로 떨어지는 직선적인 라인은 시선을 상하로 움직여주기 때문에 단점을 보완할 수 있다. 펜던트의 크기도 작은 것이 좋으며, 아래로 드롭 되는 모양이 목을 길어 보이게 한다.

목이 길고 얇은 형은 목에 가까운 짧은 길이를 선택하면 좋다. 목이 가늘다면 적당한 크기의 진주 목걸이도 아주 우아하게 어울린다. 적당한 크기 펜던트는 거의 다 잘 어울리며 비즈니스에서는 너무 큰 크기를 고르지 않는 것이 중요하다.

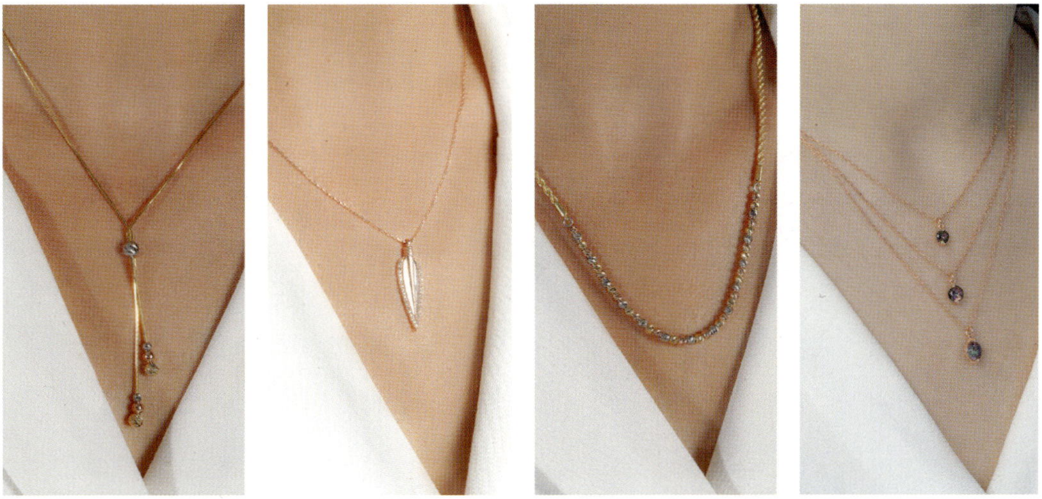

② 귀걸이(Earrings)

귀걸이는 얼굴형을 고려해 선택한다. 타원형은 모든 형태의 귀걸이가 잘 어울리지만 비율에 대한 제약이 있다.

얼굴이 긴 형태라면 버튼형 혹은 둥근 형의 귀걸이로 얼굴을 둥글고 짧아 보이게 연출하면 좋다. 둥근형 얼굴은 시선을 상하로 움직이는 수직선의 긴 형태의 얇은 귀걸이를 착용하면 얼굴형이 갸름하고 길어 보인다. 사각형은 수직선을 강조하여 긴 형태 끝에 펜던트가 달린 귀걸이를 착용하면 시선을 턱과 분리할 수 있다. 역삼각형은 아래로 향할수록 두꺼워지는 모양이나 크기가 큰 모양을 선택하면 날카로운 인상을 보완할 수 있다.

12) 퍼스널 컬러와 이미지에 따른 정장 스타일링

① 세련된, 젊은, 활동적인 - 봄 유형

② 세련된, 젊은, 활동적인 - 여름 유형

③ 세련된, 젊은, 활동적인 - 가을 유형

④ 세련된, 젊은, 활동적인 - 겨울 유형

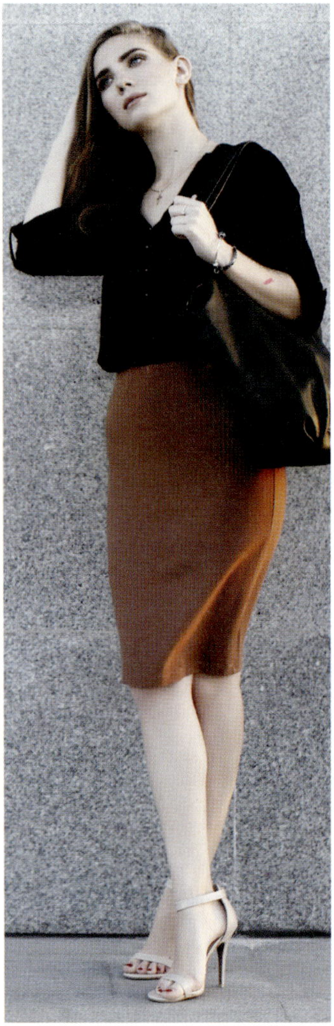

⑤ 고급스러운, 지적인, 우아한 - 봄 유형

⑥ 고급스러운, 지적인, 우아한 - 여름 유형

⑦ 고급스러운, 지적인, 우아한 - 가을 유형

⑧ 고급스러운, 지적인, 우아한 - 겨울 유형

⑨ 온화한, 친근한, 여성스러운 - 봄 유형

⑩ 온화한, 친근한, 여성스러운 - 여름 유형

⑪ 온화한, 친근한, 여성스러운 - 가을 유형

⑫ 온화한 친근한, 여성스러운 - 겨울 유형

캐주얼

1) 재킷(Jacket)

① 블레이저(Blazer)

블레이저 재킷은 남성복에서 유래했지만, 변형이 다양하지 않은 남성복과는 달리 여성복은 유명 디자이너들의 다양한 개성이 나타나 종류를 헤아릴 수 없을 만큼 다채로운 변화를 보여주고 있다. 남성 재킷과 다른 점은 재킷 길이가 자유롭다는 것과 허리선에 라인을 주어 여성미를 강조할 수 있다는 점이다. 허리에 라인을 넣지 않은 박스 형태의 재킷은 보이시한 이미지를 주면서 몸을 조이지 않아 활동성이 편하며 다른 캐주얼 아이템과 잘 어울린다. 몸에 잘 맞고 길이가 긴 형태의 재킷은 여성을 곡선 라인을 살려 우아한 이미지를 준다. 키가 작은 체형은 벨트로 허리를 강조해 주면 허리선이 위로 올라가는 효과를 주어 단점을 보완할 수 있다.

블레이저는 테일러드 재킷을 기본형으로 싱글 여밈과 더블 여밈으로 나눌 수 있다. 싱글 여밈은 유행을 타지 않고 어떤 체형이라도 잘 어울린다. 여기에 구두를 매치하면 포멀한 이미지를 주며 샌들 힐을 매치하면 도시적이고 젊은 세련미를 나타낼 수 있다. 운동화를 매치하면 단정하면서도 활동적이고 발랄한 이미지를 캐주얼하게 연출할 수 있다.

② **트위드**(Tweed)

과거 트위드는 나이가 들어 보인다는 선입견이 있었지만, 트위드 재킷과 청바지를 매치하면 트렌디하면서 세련된 이미지를 연출할 수 있다. 여기서 주의할 점은 트위드 재킷 자체가 조직감이 독특하고 화려하기 때문에 청바지는 가장 베이직한 디자인으로 스타일링한다.

③ **카디건**(Cardigan)

카디건은 현재 남성보다는 여성의 전유물이라고 할 수 있다. 간절기 필수 아이템이라고 할 수 있고 다양한 형태와 두께, 소재로 여러 가지 이미지로 코디하기 좋은 아이템이다. 카디건은 니트의 일종으로 신축성이 있어 입기 편하고 잘 구겨지지 않아 몸의 라인을 잘 드러낸다는 특성이 있다. 얇은 카디건은 체형의 굴곡이 잘 드러나 마른 체형이나 직사각형 체형처럼 몸의 굴곡이 부족한 체형에게 좋다. 몸에 굴곡이 많은 둥근 체형이나 살집이 있는 체형은 하이 게이지(High Gauge)로 촘촘하게 짜인 카디건이 좋다.

④ 트렌치코트(Trench Coat)

트렌치코트는 정장, 캐주얼 어느 스타일에서나 활용하기 좋은 아이템이다. 트렌치코트는 디자인이 아주 다양해서 잘 골라야 하지만 새로 구매한다면 최대한 클래식한 디자인으로 고르는 것이 좋다. 청바지와 매치해서 경쾌한 느낌, 체크무늬 슬랙스를 매치해서 고전적이고 세련된 느낌을 다양하게 연출할 수 있다. 재킷같이 짧은 길이로 디자인한 트렌치 잭은 아주 캐주얼하고 활동적인 느낌을 주고 키가 작은 체형에 잘 어울린다. 키가 큰 체형은 길이를 길게 입어 세련된 이미지를 살리면 좋다. 트렌치코트하면 생각나는 키워드 베이지, 면, 개버딘에서 벗어나 다양한 소재에 도전해보자. 가죽이나 비닐 소재로 된 트렌치코트는 시크한 매력의 카리스마를 살릴 수 있으며 가죽보다 부드러운 촉감의 스웨이드는 우아한 부드러움으로 고급스러운 이미지를 나타낼 수 있다. 폴리에스터나 나일론이 많이 함유된 코트는 부드러운 촉감과 우아한 드레이프가 나타나 여성미를 살릴 수 있다.

⑤ **퍼 코트**(Fur Coat)

퍼 코트란 표면이 모피로 만들어진 코트로, 방한용뿐만 아니라 사치를 위해서도 이용되는 고가의 코트이다. 포근한 매력의 퍼(Fur)는 겨울이 오면 누구나 자연스레 찾게 되는 필수 소재가 됐다. 현재 환경과 윤리 의식을 지키려는 비건 패션 트렌드 속에서 비동물성 '페이크 퍼'(Fake Fur)는 겨울 시즌 필수 소재로 자리매김해 점점 다양한 스타일로 진화하고 있다. 합리적인 가격, 비교적 가벼운 무게, 관리의 용이함 등 실용성뿐 아니라 아주 다양한 컬러와 텍스처를 표현할 수 있다. 모피는 올드함의 상징이었지만 지금은 청바지, 부츠, 운동화 등 캐주얼한 아이템과 매치하면서 전 연령이 즐기는 코트가 되었다. 나이가 들어 보이는 것이 걱정된다면 브라운에서 벗어나 채도 높은 톤으로 레드나 블루 퍼플로 색상 변화를 주거나 밝은 아이보리색으로 경쾌함을 표현할 수 있다.

2) 상의(Top)

① 셔츠(Shirts), 블라우스(Blouse)

캐주얼 여성 셔츠는 몸에 잘 핏되는 스타일에서 오버사이즈까지 형태가 아주 다양하다. 셔츠의 형태는 소재의 영향을 잘 받는다. 면 소재는 얇지만 빳빳하고 단단한 소재로 품이 커질수록 벌키 한 실루엣으로 나타난다. 그래서 품이 작을수록 둥근 체형에 좋지만, 품이 커질수록 마른 체형에 잘 어울린다. 시폰 같은 폴리에스테르 소재는 아래로 쳐지는 부드러운 곡선을 만들기 때문에 품이 커져도 둥근 체형 보완에 좋다.

셔츠 칼라가 달린 셔츠는 목이 긴 형에 잘 어울리고 노카라 스타일이나 플랫칼라는 목이 짧은 형에 잘 어울린다. 키가 작은 체형은 바지 안에 셔츠를 넣어 입으면 허리선이 올라가 키가 커 보인다. 셔츠를 내어 입을 때는 엉덩이 길이를 살짝 덮는 길이에 반바지를 매치하면 좋다.

셔츠와 블라우스에 무늬가 들어가면 체형이 입체적으로 보여 상체가 부각 된다. 상체에 살이 많은 역삼각형이나 둥근 체형은 무늬나 장식이 들어가지 않거나 무늬가 작은 것이 체형 보완에 좋다. 무늬가 커질수록 상체가 커 보이고 부각되므로 하의를 밝은 색으로 입는 것도 한 방법이다. 반대로 상체가 빈약한 체형은 다양한 무늬를 시도해보면 좋다. 무늬의 형태가 불규칙한 페이즐리, 꽃무늬, 애니멀 패턴 같은 자연 무늬는 친근하면서 부드러운 이미지를 주고 무늬가 일정하게 규칙적인 점무늬, 직선 무늬, 수평 무늬 같은 추상무늬는 단정하면서 세련된 이미지를 준다.

② **스웨터**(Sweater)

로 게이지(Low Gauge)로 듬성듬성 짜여 느슨한 니트는 함기성(含氣性)이 있어 따뜻하고 공예적 · 수예적 감각으로 편안하고 내추럴한 이미지를 준다. 하이 게이지(High Gauge)로 촘촘하게 짜인 티셔츠나 폴로셔츠, 여름용 니트는 활동적이고 캐주얼한 느낌을 준다.

니트는 몸의 굴곡을 잘 드러내기 때문에 체형에 따라 게이지 선택에 신중해야 한다. 로우 게이지는 몸의 형태가 확대되어 보이기 때문에 상체가 고민이라면 실의 두께가 두껍지 않은 것을 선택하고 하의를 빳빳한 소재의 바지나 스커트를 매치한다. 상하의를 같은 소재로 매치할 경우 하이 게이지로 짜인 니트를 착용해야 둔해 보이지 않는다. 시폰 스커트와 매치하면 정반대의 소재의 차이로 경쾌한 이미지를 나타낼 수 있다.

3) 하의(Bottom)

① A 라인 스커트(A-Line Skirt)

A 라인 스커트는 어떤 체형이라도 예쁘게 잘 어울리는 스커트이다. A 라인 스커트는 아래로 내려갈수록 밑단이 넓어지는 형태로 허리와 다리가 가늘어 보이고, 허벅지와 엉덩이를 가려주어 체형 보완에 탁월하다. A 라인 스커트를 가장 효과적으로 입는 코디는 상의를 타이트하고 심플한 형태를 입고 허리 위치를 높여 강조하면 가장 날씬해 보인다. 여기에 구두, 샌들, 플랫 슈즈, 부츠 등을 매치해 다양한 스타일을 연출할 수 있다. 두께가 있는 스커트라면 상의의 두께도 맞춰야 비율이 안정적이다. 신발은 발등이 드러나는 스틸레토 힐을 매치하면 세련된 이미지를 연출할 수 있다. 주름이 많은 플리츠스커트는 무게가 있어 보여 얇은 소재를 선택하는 것이 좋다. 허리에 주름이 없고 아래로 갈수록 퍼지는 형태의 플레어스커트는 길이가 짧으면 경쾌한 이미지를 주고 길이가 길면 우아한 이미지를 준다.

② **H 라인 스커트**(H-Line Skirt)

H 라인 스커트는 A 라인 스커트에 비해 체형을 가린다. 엉덩이가 빈약한 스타일은 엉덩이 라인이 드러나는 타이트스커트나 펜슬스커트보다는 엉덩이에서 일자로 떨어지는 스트레이트 실루엣이 좋다. 스트레이트형 롱스커트에 타이트한 짧은 상의를 매치하면 전체적으로 슬림하면서 길어 보인다. 깊은 네크라인 상의에 트임이 깊게 들어간 롱 스커트를 매치하면 우아하고 섹시한 이미지를 연출할 수 있다. 무릎을 넘어가는 길이의 스커트에는 꼭 발등이 드러나는 스틸레토 힐이나 스트랩 샌들을 매치해 균형을 맞춰야 한다.

길이가 짧은 미니스커트는 엉덩이와 허벅지가 꼭 맞는 것보단 약간 여유가 있는 것이 날씬해 보인다. 상체가 고민이라면 슬림한 티셔츠와 매치하고 하체가 고민이라면 오버 셔츠를 코디하면 좋다. 미니스커트는 어떤 스타일의 신발도 다 잘 어울리지만 추울 때는 부츠를 적극적으로 코디하면 세련된 코디를 할 수 있다.

③ 바지(Pants)

• 앵클 팬츠(Ankle Pants)

드레시하고 캐주얼한 스타일에 필수 아이템으로 유행을 타지 않은 기본형 바지로 셔츠, 티셔츠 등 기본 아이템과 코디가 쉽다. 복사뼈가 보이는 길이가 날씬해 보이고 밑단으로 내려갈수록 폭이 좁아지는 테이퍼드 실루엣이 좋다. 턱 주름이 없는 스타일은 직선적이고 샤프한 실루엣으로 깔끔한 인상을 준다. 턱 주름이 있는 스타일은 넉넉한 품으로 편안한 실루엣으로 엉덩이가 큰 체형의 보완에 좋다.

• 와이드 팬츠(Wide Pants)

와이드 팬츠 역시 유행을 타지 않는 아이템으로 모든 시즌에 활용하기 좋다. 턱 주름이 없는 스타일은 직선적이고 슬림한 실루엣으로 드레시하고 우아한 인상을 준다. 턱 주름이 있는 스타일은 넉넉한 품으로 편안한 실루엣으로 엉덩이가 큰 체형은 원 턱이나 투 턱 주름이 들어간 스타일이 좋다. 허리에 자잘한 주름이

들어간 스타일은 배가 나온 체형은 더 배가 나와 보일 수 있어 주의하고 마른 체형 보완에 좋다.

• 데님(Denim)

데님은 블루 칼라(Blue Collar)의 상징에서 시작해 청춘의 상징이기도 하며 하이패션(High Fashion)까지 영향을 주었다. 지금은 남녀노소 누구나 하나쯤 가지고 있는 아이템이며 디자인과 종류가 정말 다양하다. 현재의 청바지(Blue jeans)는 캐주얼 룩과 비즈니스 룩에서 중요한 자리를 차지하고 있다. 먼저 활용도가 높은 청바지를 찾는 것이 중요한데, 워싱(Washing)의 정도나 위치에 따라 다양한 이미지가 나타난다. 생지 데님을 구입해서 나의 체형에 맞는 핏과 생활 습관에 따른 자신만의 워싱을 만들어 가도 좋다. 시간이 오래 걸리기 때문에 이미 워싱 작업이 되어 있는 소프트 데님(Soft-Finished Denim)을 구매하는 방법도 있지만 인위적이지 않은 것으로 골라야 한다.

2000년대 초반 소녀시대가 컬러풀한 스키니를 유행시키면서 어떤 소재의 청바지든 스키니 핏의 청바지가 주를 이루었지만 스키니 핏은 솔직히 몸매가 완벽한 모델 체형이 아니라면 추천하지 않는다. 엉덩이 라인에서 일자로 내려오는 살짝 여유 있는 스트레이트 핏이 훨씬 세련되어 보인다. 그리고 와이드 한 팬츠의 유행이 오면서 하체가 고민이었던 여성들이 스키니에서 벗어나 스트레이트 핏에서 넉넉한 한 사이즈 크게 입는 보이프렌드 핏이나 부츠컷, 와이드 팬츠로 청바지의 다양한 스타일링의 시대가 왔다.

4) 원피스(One-piece)

원피스는 상, 하의를 따로 챙겨 입지 않고 그냥 옷장에서 꺼내 입고 나가도 차려입은 이미지를 주는 아주 편리한 아이템이다. 원피스는 하나로 이어져 있어 길이가 어중간하면 키가 작아 보일 수 있다. 키가 작은 체형은 무릎이 드러나는 길이가 좋고 발등이 드러나는 신발을 매치하고 벨트를 매치해서 허리선은 올려주면 키가 커 보인다. 통통한 체형은 목선이 드러나는 플랫 카라에 단추가 일자로 내려오는 스타일의 원피스를 코디하면 날씬해 보인다. 사선으로 겹쳐지는 랩 스타일의 원피스도 V 네크라인과 사선이 날씬한 이미지를 연출해준다. 저지 소재의 원피스는 몸에 착 감겨 우아하게 흐르는 라인으로 볼륨이 드러나 직사각형 체형에 어울리고 볼륨이 있는 체형은 상의 부분은 잘 맞고 스커트 부분은 A 라인으로 퍼지는 스타일이 좋다.

원피스에 무늬가 들어가면 신체의 볼륨감이 커진다. 특히 면적을 넓게 차지하기 때문에 무늬의 선택이 중요하다. 마른 체형은 규칙적인 무늬가 좋다. 몸은 굴곡이 있기 때문에 볼륨이 있는 부분은 퍼져서 곡선으로 두드러지고 볼륨이 적은 부분은 무늬가 몰리기 때문에 그 부분은 축소되어 보인다. 키가 작고 통통한 체형은 큰 무늬가 들어간 옷을 입으면 무늬가 강조되어 팽창되고 짓눌리는 느낌을 주기 때문에 작은 무늬가 체형 보완에 좋다. 키가 큰 체형을 신체 비율에 맞게 큰 무늬가 잘 어울린다. 불규칙적인 자연 무늬는 신체의 굴곡을 분산시키기 때문에 통통한 체형 보완에 좋다.

5) 신발(Shoes)

여성 신발은 패션의 완성이라고 불릴 만큼 강조점을 주기 좋다. 형태에 따라 크게 3가지로 구분할 수 있다. 로퍼, 힐, 샌들, 플랫 슈즈처럼 발등이나 발뒤꿈치가 드러나는 스타일과 운동화처럼 발목이 드러나면서 발을 감싸는 스타일, 발목 위로 올라오는 부츠 스타일이다.

① 발등이나 발뒤꿈치가 드러나는 스타일

- 플랫 힐(Flat Heel)

  1 ~ 2.5cm 정도의 낮고 면이 넓은 힐로, 여성용 펌프스나 실내화 등에 이용되고 있다. 발레리나들이 착용하는 플랫 슈즈에서 유래된 평평한 신발이라는 의미로 굽이 낮은 힐의 총칭이다.

• 키튼 힐(Kitten Heel)

5cm 미만의 낮은 굽을 가진 구두들을 통칭한다. 하이힐보단 안정감 있으면서도 플랫 슈즈보다 여성스러운 디자인의 구두이다.

• 펌프스(Pumps)

1500년대부터 신어 온 슬립온 형의 남성용 '퐁프(pompes)'에서 유래되었다. 지퍼나 끈 등의 여밈 부분이 없고 발등이 패인 여성용 구두로, 앞부분이 낮으며 발등이 많이 드러나 쉽게 신고 벗을 수 있게 디자인된 구두이다.

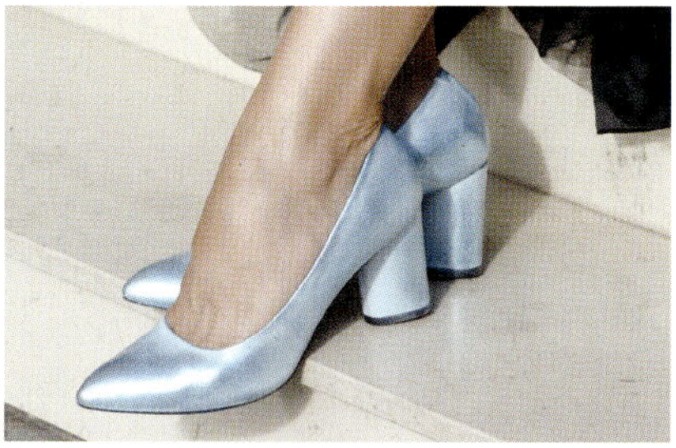

• 스틸레토(Stiletto)

'스틸레토'란 검에서 따 온 것으로 뒤축이 길면서 얇고 굽이 높은 하이힐이다.

• 플랫폼(Platform)

힐과 밑창 전체를 높게 한 구두를 총칭한다.

• 오픈 토(Open-Toe)

앞 코가 파인 디자인의 구두를 총칭한다.

• 핍 토(Peep-Toe)

오픈 토 힐보다는 앞코가 조금만 트여진 디자인의 구두이다.

• 뮬(Mule)

슬리퍼 형태의 구두로, 구두 굽의 높이가 플랫부터 하이힐까지 다양하다.

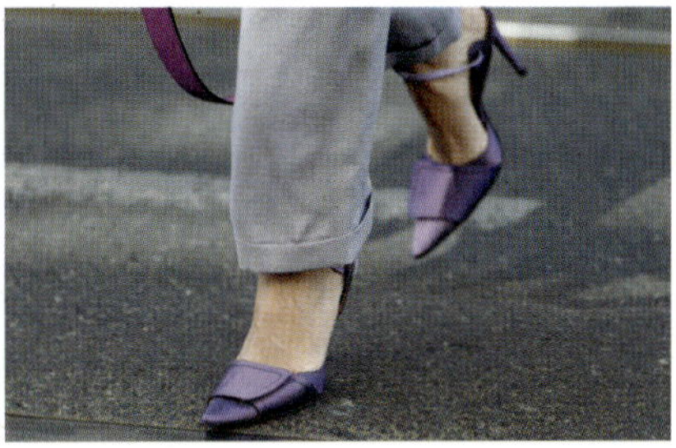

• 슬링백(Sling Back)

구두의 뒷부분이 노출되어 스트랩이나 벨트로 뒤꿈치를 잡아주는 스타일로, 오픈 백, 백 스트랩, 백 벨트, 백 밴드라고도 한다.

• 스트랩 힐(Strap Heel)

슬링백처럼 이어지지 않고 벨트나 스트랩으로 발목을 잡아준 구두의 총칭한다.

• 앵클 스트랩(Ankle Strap)

벗어지기 쉬운 구두를 발목에 끈을 걸어서 맨 모양의 구두를 총칭한다.

• 메리 제인(Mary Jane)

스트랩이나 끈으로 발등을 고정시킨 소녀스러운 디자인의 구두이다.

• 웨지 힐(Wedge Heel)

쐐기형의 굽이나 힐이 붙은 구두로 굽이 밑창까지 이어져 쐐기형으로 끼워진 것처럼 밑바닥에 이어진 힐로, 굽의 소재로 코르크가 인상적인 구두이다.

• 티 스트랩(T-Strap)

T자형의 스트랩. 앞 코 가죽에서 늘어난 스트랩과 인스텝을 횡단하는 T자를 구성한 구두이다.

② 발을 감싸는 스타일

- 옥스퍼드(Oxford)

복사뼈 길이의 클로즈드 레이싱(closed lacing)이 특징인 레이스업(lace-up) 구두로 남성 구두와 같은 모양이다.

- 로퍼(Loafer)

로퍼는 '게으름뱅이'라는 뜻으로 끈이 없어 편하게 신을 수 있는 굽이 낮은 캐주얼한 구두이다. 갑피 부분에 달린 가죽 스트랩 장식에 칼집을 넣은 디자인의 페니 로퍼(Penny Loafer)와 갑피에 술(Tassel)이 달려 있는 디자인의 테슬 로퍼(Tassel Loafer)등이 있다.

• 슬립온(Slip on)

슬립온이란 의미는 '손쉽게 입고 벗을 수 있는'의 뜻으로 묶는 끈이나 죔쇠가 달려 있지 않은 신을 수 있는 신발을 총칭한다.

• 스니커즈(Sneakers)

'살금살금 걷는 사람'이라는 뜻의 스니커(sneaker)의 의미를 따온 캔버스와 같으나 밑창이 고무로 된 것을 말한다.

③ 발목 위로 올라오는 부츠 스타일

• 부티(Bootee)

발목까지 오는 부츠를 말한다. 발목이 드러나서 키가 작은 체형에게 잘 어울린다.

• 앵클 부츠(Ankle Boots)

목 높이가 15 ~ 20cm로 발목까지 가려지는 정도의 부츠를 말한다. 살짝 통이 있는 팬츠를 선택해 밑단을 한두 번 접어 입는 것이 앵클 부츠의 매력을 더 살려준다.

• 미들부츠(Middle Boots)

미들부츠는 앵클부츠보다 목이 길어 종아리 중간까지 감싼다. 미들부츠는 짧은 하의와 매치해 다리가 많이 드러나게 연출하는 것이 좋다.

• 롱부츠(Long Boots)

무릎 아래까지 오는 길이의 부츠는 체형에 맞지 않게 고를 경우 다리가 오히려 짧아 보인다. 특히 휜 다리를 부각할 수 있어 직접 신어보고 고르는 것이 중요하다. 무릎을 살짝 감추는 니 하이 부츠는 짧은 다리와 휜 다리를 모두 보정할 수 있어 활용도가 높다.

6) 가방(bag)

① **토트 백**(Tote Bag)

손에 들고 다닐 수 있는 여성용 핸드백으로 윗부분이 트이고 두 개의 손잡이가 부착되어 팔에 걸고 다니기 편리한 백이다. 최근엔 손으로 잡을 수 있게 디자인된 가방을 토트백으로 부르고 있다. 오피스룩뿐 아니라 캐주얼룩에 우아하게 연출할 수 있다.

② **숄더 백**(Shoulder Bag)

손잡이가 길어서 어깨에 멜 수 있는 가방으로 덮개나 지퍼로 닫을 수 있는 가방을 보통 숄더백이라 부르며 따로 여밈이 없이 오픈되어 어깨에 걸치는 크기가 큰 가방은 쇼퍼 백(Shopper Bag) 또는 캐리어 백(Carrier Bag)이라고 부른다. 가방 중에 가장 활용도가 높은 백으로 캐주얼룩에 잘 어울린다. 오피스룩에 큰 크기의 숄더 백은 옷에 주름을 생기게 하고 스타일을 망칠 수 있다.

③ **크로스 백**(Cross Bag)

긴 가방끈을 어깨에 교차시켜 멜 수 있는 가방으로 숄더 백처럼 한쪽으로 길게 연출할 수 있다. 다양한 의상과도 잘 어울리는 미니 사이즈 백부터 큰 사이즈의 메신저 백(Messenger Bag) 등 사이즈가 다양하다.

④ **클러치 백**(Clutch Bag)

클러치 백은 끈이 없어 손에 쥘 수 있도록 디자인된 백을 말하지만, 간혹 어깨에 걸칠 수 있도록 가느다란 체인이 안쪽에 마련된 디자인도 있다. 비교적 작고 가벼우며 직사각형 타입의 이브닝 백(Evening Bag) 스타일의 박스 클러치는 칵테일 드레스 같은 드레시한 의상에 어울린다. 팔과 몸통 사이에 낄 수 있는 큰 크기의 지퍼 클러치나 폴더 클러치 백은 캐주얼룩과 오피스룩에도 잘 어울린다.

⑤ **드로스트링 백**(Drawstring Bag)

드로스트링은 「졸라매는 끈」이란 뜻으로 복주머니 형태의 가방을 말하며, 양동이(Bucket)와 모양이 비슷하다고 하여 버킷 백이라고도 한다. 끈을 조이고 풀어서 가방을 여닫을 수 있고 캐주얼한 룩에 어울린다.

⑥ **호보 백**(Hobo Bag)

호보 백은 바닥에 있는 띠가 양옆을 통해 입구에까지 이르는 가방을 말한다. 어깨끈까지 완전히 연결되는 디자인도 있으며 최근엔 백의 밑부분이 평평하지 않고 둥글린 디자인을 통칭하기도 한다. 소재에 따라 느낌이 다른데 가죽으로 반달 만들어진 모양의 호보백은 클래식하면서 고급스러운 분위기로 오피스룩에 잘 어울리고, 캔버스 천이나 나일론으로 만들어진 백은 캐주얼룩에 잘 어울린다.

7) 퍼스널 컬러에 따른 캐주얼 스타일링

① 봄 유형

② 여름 유형

③ 가을 유형

④ 겨울 유형

4. 스포츠 웨어 컬러 스타일링

1) 골프웨어(Golf wear)

골프가 하나의 라이프 스타일로 정착하면서 골프웨어에 대한 관심도가 높아지고 있다. 골프를 즐기는 젊은 층의 비율이 늘어나면서 과거 올드 한 이미지에서 벗어나 트랜디한 이미지로 탈바꿈하고 있다. 피케 셔츠와 몸에 딱 붙는 미니스커트, 적당한 통의 바지 등이 주류를 이룬 기존의 골프웨어가 스포츠 웨어로서 기능성을 강조했다면, 최근 브랜드들은 주로 전체적인 핏이나 분위기, 패턴, 디자인 등 심미성을 강조한다. 편안한 실루엣의 맨투맨 티셔츠나 반바지, 조거 팬츠, 경쾌한 테니스 스커트

등 평상복으로 입을 수 있는 내추럴한 스타일을 추구한다. 기존의 골프웨어에서 변화를 주고 싶다면 컬러에 변화를 주자. 상의를 채도 높은 빨강, 주황, 노랑, 파란색 등 원색으로 연출하면 필드에서 눈에 띄면서 개성을 살릴 수 있다. 여기에 흰색 바지를 코디하면 경쾌한 이미지를 주고 체크무늬 팬츠를 코디하면 클래식하면서 세련된 이미지를 연출할 수 있다.

2) 요가, 필라테스 웨어(Yoga, Pilates wear)

전 세계적인 펜데믹을 겪으며 우리의 라이프 스타일 전반의 변화를 가져왔다. 실내 활동이 많아지면서 외출복보다 건강 관리를 위한 요가, 필라테스 등 각종 홈트레이닝 상품이 인기를 끌었다. 현대를 살아가는 중년 여성들은 과거와 달리 주체적으로 삶을 살아감에 따라 다양한 활동과 문화를 향유하고 있다. 누군가의 엄마, 또는 아내로서의 역할을 중시했던 삶의 비중이 '자신'에게로 집중되고 있으며, '보이지 않는 여성'으로서의 존재가 '보이는 여성'으로 변화하고 있다. 신체적, 심리적으로도 다양한 변화를 겪는 중년이라는 시기를 활동적이고 건강하게 보내기 위해 그들만의 새로운 라이프 스타일을 만들어내고 있으며, 다양한 여가 활동 중에서도 건강한 삶과 직결되는 운동에 대한 관심과 참여가 증가하고 있다. 일상생활에서의 운동에 대한 중요성이 크게 자리 잡아감에 따라 스포츠 웨어에 대한 관심 또한 증가하고 있다(이주형, 2020). 운동복 선택은 개인의 취향 반영이 가장 잘 드러나는 아이템으로 심리에 영향

을 가장 잘 받는다고 할 수 있다. 여성들은 감정 변화나 컨디션에 따라 컬러를 선택하여 스포츠 웨어를 착용하는 것으로, 고강도의 운동 시 밝은 컬러를 착용해 긍정적이고 밝은 기분으로 변화시키거나, 날씨 또는 장소에 따라 영향을 받아 선택한다. 과감한 디자인이나 색상은 의욕을 증진시켜 지속적으로 건강 관리를 할 수 있도록 도와주고 있다.

동적인 움직임이 필요한 운동에는 빨강, 주황, 노랑 같은 난색 계열의 색상이 심폐 증진에 도움을 준다. 정적인 운동에는 초록, 파랑, 보라 같은 한색 계열의 색상이나 무채색이 마음의 안정과 집중도를 높여 준다.

참고문헌

서적

강진주(2003). 남자는 스타일로 승부한다. 리즈앤북.

권영자, 이선화, 선정희(2005). 스타일리스트를 위한 뷰티코디네이션. 국제.

권오혁 외 2인(2018). 퍼스널이미지메이킹. 구민사.

권혜영(2015). 성공이미지메이킹. 성안당.

김동완(2020). 관상 심리학. 새빛.

김민자 외 5인(2010). 서양패션멀티콘텐츠. 교문사.

김민자 외 6인(2014). 패션 아이콘. 교문사.

김순희(2018). 비즈니스매너와 비즈니스롤플레이. 지식인.

김윤아, 안채윤(2020). CS와 이미지메이킹. 구민사.

김은주, 손소희(2018). 피부미용학 개론. 구민사.

김지아, 유정아, 박혜정(2016). 글로버 매너 5W1H. 지식인.

김태연(2020). 관상경영학. 비즈니스북스.

남궁원(2020). 가만히 있어도 괜찮다 말해주길. 모모북스.

류은주, 조지순, 김지연(2008). 품위있는 매너를 위한 이미지 관리론. 훈민사.

미셸 파스투로(2020). 색의 인문학. 미술문화.

부웨이신(2019). 심리학 덕분에 사회생활이 편해졌습니다. 행성B.

스타일 어드바이저(2014). 겟 잇 스타일. 어바웃어북.

엄경아, 이향정, 연지영(2016). 서비스인을 위한 이미지메이킹. 지식인.

유송옥 외 2인(2017). 패션디자인. 수학사.

이경희, 김윤경, 김애경(2013). 패션과 이미지 메이킹. 교문사.

이선경, 이홍림(2016). 비주얼 이미지 메이킹. 구민사.

이선배(2015). NEW 맨즈 잇 스타일. 넥서스BOOKS.

이영원(2016). 성공하는 남자는 수트를 입는다. 버튼북스.

이헌(2015). 신사 용품. 알에이치코리아(RHK).

임한석, 황세란(2006). 나의 운을 바꾸는 얼굴 마사지와 메이크업. 동학사.

전선정 외 5인(2013). 이미지메이킹. 청구문화사.

정지원(2018). 패션북. 이화(출판회사).

조영수(2017). 색채의 연상. 시루.

조홍식 외 4인(2010). 매듭의 여왕 묶음의 달인. 예조원.

진송희(2019). 색채학과 퍼스널 컬러. 구민사.

채수명(2002). 색채심리 마케팅. 국제.

카시아 세인트 클레어(2018). 컬러의 말. 월북.

포포 프로덕션(2020). 색과 성격의 심리학. 성안당.

한국사전연구사(1997). FASHION전문 자료사전. 한국사전연구사.

한영숙 외 6인(2018). 피부미용학. 청구문화사.

허정록(2015). 허정록의 인상학과 성공 메이크업. 훈민사.

황정선(2010). Men's Image Tuning, Second Edition. 황금부엉이.

황정선(2011). 일 잘하는 그녀의 컬러 스타일북. 황금부엉이.

황정선(2013). 스타일리시한 여자와 일하고 싶다. 황금부엉이.

황정선(2014). 품격 입는 남자. 황금부엉이.

논문

권민정(2011). 하이 웨이스트 스커트의 허리선높이와 스커트 길이 변화에 따른 시각적 이미지. 한양대학교 대학원. 석사학위논문

김지연(1992). 스타킹 착용에 관한 실증적 연구. 숙명여자대학교 대학원. 석사학위논문

문주영(2002). 의복배색에서 유태색과 무채색의 조합이 인상형성에 미치는 영향. 경상대학교 대학원. 석사학위논문

이주형(2020). 한국 중년 여성의 운동과 스포츠웨어. 서울대학교 대학원. 석사학위논문

정희경(2001). 스카프의 조형미를 응용한 의상디자인 연구. 동덕여자대학교 디자인대학원. 석사학위논문

최유진(2003). 남성의 재킷, 셔츠, 넥타이 색의 변화가 이미지 지각에 미치는 영향. 성신여자대학교 대학원. 석사학위논문

이미지

https://www.shutterstock.com/